Hablando de mamá a mamá...

Hablando de mamá a mamá...

Una guía para ser ¡la mejor mamá!

Gina Ibarra

EDICIONESURANO
Argentina — Chile — Colombia — España
Estados Unidos — México — Uruguay — Venezuela

1ª edición: mayo 2013.

© 2013 *by* Georgina A. Ibarra Reina
© 2013 *by* EDICIONES URANO, S.A. Aribau,142, pral.—08036, Barcelona
EDICIONES URANO MÉXICO, S.A. DE C.V.
Vito Alessio Robles 175, col. Hacienda Guadalupe de Chimalistac
México, D.F., 01050, México

www.edicionesurano.com
www.edicionesuranomexico.com

ISBN: 978-607-7835-92-9

Fotocomposición: KrearT Servicios Editoriales

Impreso por: Metrocolor de México S.A. de C.V, Rafael Sesma No. 17, Parque Industrial FINSA C.P. 76246 El Marqués Querétaro, Qro.

Impreso en México — *Printed in México*

A mis tres hijos: Juan Pablo, Daniel y Montserrat
los amo profundamente, siempre con el deseo
de que sus vidas estén llenas de felicidad.

A mi esposo Juan Carlos por su apoyo
y compañía en esta hermosa y a veces difícil tarea.

A mi mamá, por ser mi ejemplo, mi guía y mi fuerza.

Y para mi papá que sigue viviendo con su amor
y enseñanza en mi corazón.

Índice

SEGUNDA PARTE: NIÑOS DE 3 A 7 AÑOS DE EDAD

Agradecimientos

Agradezco primero a Dios por regalarme el don de la maternidad.

A la familia Azcárraga por darme un espacio en Grupo Fórmula el cual me permite interactuar diariamente con otras mamás, aprendiendo de sus alegrías, tristezas y fortalezas.

A Pedro Calderón por creer en mí y darme una gran oportunidad como comunicadora.

A mi amigo Víctor Malpica por apoyarme y aconsejarme en los inicios de mi proyecto.

A mi equipo de trabajo por su entrega y dedicación.

Y a todos y cada uno de los especialistas que me acompañan diariamente en mis programas de radio y televisión, por sus enseñanzas, su guía y su experiencia.

Prólogo

El paraíso había quedado atrás y sus puertas se cerraron, entonces Eva pensó en las palabras que Dios le había dirigido: *"Multiplicarás tus sufrimientos en los embarazos, y darás a luz a tus hijos con dolor».* En ese momento se dio cuenta que su situación cambiaría radicalmente. Hasta ese entonces no había nacido nadie, porque Dios creó al hombre del barro y a la mujer de una costilla; Dios creó a Adán y a Eva ya adultos.

¿Cómo serían los hijos de Eva? ¿Nacerían ya adultos e independientes?

Mientras Eva tenía esos pensamientos observó un nido de aves, de donde salían volando dos pajarillos nacidos apenas hacía algunas semanas. Volaron libremente estrenando sus alas y no volvieron al nido. Entonces pensó:

—Espero que mis hijos sean como esos pajarillos, que dependan de mí sólo unas cuantas semanas, antes de ser independientes e irse. Estoy tan acostumbrada a que todo el tiempo sea para mí, a ser libre.

Pasó el tiempo y Eva empezó notar que la maternidad implicaba molestias y sufrimientos. Por vez primera observó que su cuerpo perdía su belleza, se deformaba, su vientre crecía. Cambió su forma de caminar, devolvía los alimentos, también se le resecó la piel. Entonces exclamó:

—¡Qué mal me veo! Espero que estas molestias sean pasajeras, y cuando nazcan mis hijos se terminen para siempre y mi cuerpo vuelva a ser el de antes.

Pero no fue así. Sus malestares crecieron y le quitaron la movilidad. Sus pechos también se deformaron al llenarse del alimento que la naturaleza preparaba para sus hijos. Entonces se lamentó:

—Si hay tanta comida en la tierra, ¿por qué Dios me hace alimentar a mis hijos con algo de mí? ¿Será este alimento de verdad tan importante como para que mi cuerpo se deforme de tal manera?

Los meses se acumularon y Eva sintió las molestias cada vez más fuertes. Llegó el momento del parto, gritó por los dolores jamás antes sentidos. Se sentía morir. Quizá era cierto, pues moriría poco a poco al lado de sus hijos. Adán se acercó a ella y recibió en sus manos al niño recién nacido, angustiado le preguntó:

—¿Qué hago? Un cordón lo une a ti. Parece que por ahí todo este tiempo se ha alimentado. ¡Voy a cortarlo! Y cortó el cordón umbilical. Entonces Eva meditó:

—Espero ya no estar unida a este niño, sin este cordón volveré a ser libre, ya no me necesitará, caminará en pocos días, se alimentará con sus propias manos, y será independiente para defenderse por sí mismo. Sus pensamientos fueron interrumpidos, cuando Adán gritó:

—¡Eva, el niño no respira! ¡No sabe hacerlo!

Adán veía con desesperación al bebé sin respirar y se preguntaba cómo enseñarle. Eva, con un poco de desesperación y otro tanto de instinto, tomó al niño y le dio una nalgada. Con tristeza vio que lo había hecho llorar, pero con alegría comprobó que el pequeño rápidamente comenzó a respirar. Entonces pensó:

—¡No es posible! Quise hacerle un bien mas le hice llorar. Ojalá no siempre sea así. ¿Entenderá o me guardará resentimiento? (¿Entenderán los futuros hijos que una madre nunca quiere dañarlos?)

Al abrazar Eva a su hijo, él pequeño dejó de llorar. Anhelantemente dijo:

—Espero que esta sea la única ocasión que llore. ¿O acaso habrá más? No vaya a recurrir a mis brazos cada vez que tenga ganas de llorar. Preferiría que fuera como las aves cuando crecen y ya no vuelven al nido. Además, al escuchar su llanto, mis lágrimas brotaron también.

El pequeñito sintió el calor del cuerpo de su madre y se quedó dormido. Más tarde despertó y volvió a llorar. Ella, sin saber qué hacer, lo acercó más a su cuerpo. Como si el niño ya supiera, comenzó a succionar alimento del pecho de su madre. Entonces Eva pensó:

—¿Cuánto comerá? ¿Alcanzará el alimento acumulado en mi pecho? ¿Y si no? ¿Cuántas veces he de alimentarlo?

Mientras Eva pensaba en estas cosas observó que el niño no tenía dientes. Entonces reflexionó:

—¿Por qué Dios lo hizo nacer sin dientes? ¿Acaso siempre se va a alimentar de mí?

Adán observaba también al pequeño y comparaba el cuerpo del niño con el suyo. Después le dijo a Eva:

—Esas piernas son muy pequeñas, seguramente no caminarán nunca. Los brazos también son diminutos y frágiles, no podrán cargar ni hacer ninguna labor.

Eva se lamentó:

—¡Dios me ha castigado por mi pecado dándome un hijo inútil! ¿Cuántos días necesitará para poder caminar? ¿Cuántos días necesitará para poder cargar algo y mover sus manos? ¿Acaso he de cargarlo por mucho tiempo? ¿Acaso haré lo que sus pequeños brazos no puedan realizar?

El frío de la tarde y de muchas tardes obligó a Eva a buscar la manera de cubrir al niño. Primero intentó enredarle algunas hojas pero no funcionó, después le colocó encima la piel de un animal. Luego aprendió a tejer las plantas y más tarde a hilar el algodón y la lana. Entonces pensó:

—Yo podría estar desnuda y también Adán, pero no puedo dejar a este niño desprotegido, su piel es muy delicada.

Pasaron varios días y Eva veía que el niño no crecía. No hacía el esfuerzo por levantarse a caminar, y nada más comía y dormía. Tampoco sabía ir al baño y ensuciaba toda su ropa. Y, lo peor de todo, no hablaba una sola palabra. Entonces se preguntó:

—¿Acaso será mudo? ¿Cómo podré entender lo que quiere? ¿Cómo saber si llora por frío, por hambre o si sólo quiere estar en mis brazos?

Así pasó mucho tiempo. Un día Eva volvió a ver a varios pajarillos abandonar el nido, a varios animales separarse de su madre, mas su pequeño seguía junto a ella y se preguntó:

—¿Cuánto tiempo estará mi hijo conmigo?

Por ese niño Eva aprendió a cocinar; a fabricar y arreglar ropa; a cantar canciones de cuna y a elaborar sonajas. Descubrió cómo una planta, la manzanilla, podía quitar un cólico; también aprendió a ser paciente pues tenía que enseñarle a su hijo a hablar y a caminar. Lloró cuando a ella no le dolía nada pero el chiquillo tenía una espina en el pie. Comenzó a pasar las noches en vela...

Por ese niño Eva había aprendido a ser madre, y aprendería más cuando su segundo hijo naciera.

Un día, cuando Eva caminaba por el campo, vio con horror y tristeza cómo Caín asesinaba a su hermano Abel. Lloró por el hijo asesinado pero también por el hijo asesino. Oró por la víctima mas también por el homicida. Su corazón de madre no podía dejar de amar a ninguno de los dos.

Muchos años después el tercer hijo de Eva, Set, se había multiplicado y los nietos de la primera pareja jugaban frente a los dos ancianos. Entonces Adán le dijo a Eva:

—Ha sido muy difícil para ti ser madre. ¿Crees acaso que se haya cumplido la maldición que Dios te dijo cuando salimos del paraíso?

Eva contestó:

—A ti Dios te maldijo diciendo que ganarías el pan con el sudor de tu frente. Yo he visto como sudas al trabajar la tierra pero al mismo tiempo sonríes. ¿Por qué?

Adán respondió:

—Antes del nacimiento de nuestros hijos el trabajo se me hacía pesado y sin sentido pero después, cuando nacieron, lo hice con gusto porque trabajaba para ellos. Su amor cambió la maldición en bendición. Pero ahora contesta mi pregunta, ¿ha sido difícil para ti ser madre?

Eva guardó silencio y reflexionó:

—Antes sólo pensaba en mí y mi corazón era egoísta. Sabía poco del misterio de la vida, mas ahora entiendo muchas cosas. Ciertamente, algunas veces no pude dormir, otras me quedé sin alimento por dárselo a mis pequeños. También lloré más de cuanto habría llorado si no hubiera tenido hijos. Mi cuerpo se deformó de tanto cuidarlos y soy consciente de que duraron mucho tiempo en el nido antes de que aprendieran a volar.

Adán interrumpió los pensamientos de Eva y nuevamente le preguntó:

—¿Ha sido difícil para ti ser madre? ¿Realmente fue una maldición?

Eva ya no pensó. Con la vista en el cielo y una sonrisa en los labios respondió:

—Ha sido la bendición más grande de Dios, con ella me ha enseñado que la soberbia, la cual me hizo pecar, se pudo convertir en humildad y servicio.

Desde entonces muchas mujeres, como Eva, se acercan más a Dios gracias a la maternidad; por ésta, ellas regresarán, algún día, al paraíso merecido.

Este cuento es un homenaje a todas la mujeres que, como mi madre, aceptaron valientemente la vocación de la maternidad sabiendo que cada niño que nace viene sin instructivo. Pero es también un homenaje a todas las personas que, como Gina Ibarra, les ayudan para que su labor sea menos difícil.

¡Cómo hubiera agradecido Eva un libro como el que tienes en tus manos! Le habría dado información básica, necesaria y le habría ahorrado muchos sufrimientos y sustos mientras sus pequeños llegaban a la edad de siete años.

Cada madre y cada hijo son distintos, únicos. Pero estoy seguro que la información que Gina te ofrece en este libro te ayudará a ser una mejor mamá y a darle lo mejor a tu hijo porque ella te habla: *De mamá a mamá.*

Felicito a Gina porque su generosidad le permite compartir sus estudios y experiencias, así como el conocimiento de tantos especialistas. Y espero que pronto de a luz una nueva edición que dé luz a las mamás de México.

P. José de Jesús Aguilar Valdés

Introducción

Dicen que no hay plazo que no se cumpla, y si esperamos un bebé queremos ya que ese gran acontecimiento llegue. Cuando nuestro hijo nace nos emocionamos al recibirlo y conocerlo, es un suceso que nos cambia la vida para siempre. A partir de ese instante nuestra atención, con desvelos y gran amor, se vuelcan en él.

¡Qué privilegio es escuchar su llanto ocasionado por su primer respiro! ¡Qué alegría cuando vemos que la vida nos sonríe al sentir junto a nuestro pecho su latido cardiaco acelerando el nuestro por todas las emociones que nos provoca la primera vez que lo tocamos, olemos y besamos!

No cabe duda que estas sensaciones son difíciles de olvidar, frecuentemente, vienen bañadas de un miedo por la responsabilidad que implica saber que aquel indefenso ser depende de nosotras para vivir.

Como mamá, sé que este momento tenemos que vivirlo intensamente comprometiéndonos a dar lo mejor de nosotras para hacer de él o ella una persona feliz.

Soy Gina Ibarra y, al igual que tú y que muchas otras mujeres, disfruto de la dicha de ser mamá. Tengo tres hijos, Juan Pablo, Daniel y Montserrat, a los que amo profundamente y a los que les dedico este libro, ya que gracias a ellos he podido saborear las mieles que nos da la maternidad.

Ahora que acabas de ser mamá te puedo decir que entiendo todas las emociones que estás viviendo, por eso te digo que no te angusties con temores y preguntas tales como si serás una buena madre, porque si de algo estoy segura, es que no existe la madre perfecta, y tampoco hay que pretender serlo porque, ante todo, somos seres humanos que cometemos errores. Si comprendemos esto desde un principio será más fácil que perdonemos las fallas que, seguramente, tendremos con nuestros hijos y aprenderemos las lecciones de vida de una mejor manera.

Hoy que ya tienes a tu bebé, te doy la bienvenida a la maternidad, indudablemente el mejor regalo que la vida nos puede dar a las mujeres, y en voz alta te expreso que el amor que hoy sientes por él es tan fuerte que te ayudará a escucharlo aun cuando estés dormida, hará que te levantes aun cuando no tengas energía y te dará paciencia aun cuando creas que no la tienes. Ten confianza en ese instinto que la vida te regala.

Hablando de mamá a mamá es una guía que te ayudará a saber qué esperar durante sus primeros siete años de vida, mismos que son muy importantes para su desarrollo físico, emocional y neurológico. Por desgracia, muchas madres no lo saben y por eso desaprovechan ese valioso momento. Te pongo un ejemplo que me platicó Miguel Betancourt, un amigo que es médico y que me pareció maravilloso: Cuando un ser humano nace todas sus neuronas están conectadas, listas para usarse. Pero si no son estimuladas adecuadamente en sus primeros dos años se van a desconectar para siempre y se perderán formando seres con menos capacidad intelectual de la que pudieron haber tenido. Es muy triste que este deterioro suceda porque, sin querer, ponemos a nuestro hijo en desventaja, ya que competirá con otros pequeños que seguramente recibieron esos estímulos que nosotras no le dimos al nuestro por no saberlo. ¿Te das cuenta del enorme compromiso que tenemos los padres?

Es muy importante que sepas que gran parte de la autoestima de las personas se forma en sus primeros años y que algunas de las decisiones que tomamos cuando somos adultos, como la elección de pareja, refleja la forma en cómo vimos a nuestros padres durante la niñez, por lo que es común que busquemos características similares a las que quedaron grabadas en nuestra memoria emocional. Por eso es esencial que nuestros hijos crezcan en un ambiente sano donde los buenos ejemplos como el amor y el respeto predominen.

Sé que hoy tienes muchas dudas no resueltas porque, probablemente, te dé pena preguntar o porque no tienes a alguien de confianza que te ayude a disiparlas. Por eso en este libro *"Hablando de mamá a mamá"* te ofrezco mi experiencia como madre y también como comunicadora, ya que mucha de la información que te comparto la tengo gracias a especialistas como pediatras, psicólogos y terapeutas que me acompañan en mis programas de radio y televisión.

Compartamos juntas en este libro la bendición de la maternidad y, sobre todo, la dicha y el privilegio que hoy tenemos al poder ser nombradas por el corazón y por los labios de un pequeñito que nos dice **"Mamá"**.

¡BIENVENIDA!

PRIMERA PARTE
NIÑOS DE 0 A 3 AÑOS DE EDAD

Emociones a flor de piel

¡Bienvenido bebé!

Normalmente todo es alegría en el hospital cuando nace nuestro hijo. Familiares y amigos nos llenan de flores, bombones y cariño cuando nos visitan. Durante nuestra estancia en el hospital nos sentimos tranquilas porque sabemos que médicos y enfermeras cuidarán de nuestro bebé esos tres o cuatro días mientras nos recuperamos del parto o la cesárea.

Sin embargo, al llegar a casa, esta sensación de tranquilidad se esfuma y nos angustiamos por no saber si podremos cargar a nuestro pequeñito, bañarlo, dormirlo, alimentarlo y cambiarle el pañal. Son muchas cosas a la vez, necesitamos ¡ayuda! Porque, además, nuestro cuerpo aún no se ha recuperado totalmente del cansancio físico que implicó el embarazo, el parto o la cesárea, y es, en este momento, cuando nos hacemos algunas preguntas como: ¿Podré yo sola? o ¿qué pasará si me vence el sueño y me quedo dormida mientras lo amamanto? Son tan frágiles los recién nacidos que nos da miedo lastimarlos por nuestra posible falta de habilidad, energía y experiencia.

Pero tómalo con calma, te aseguro que tu instinto materno, aún con la fatiga del día, no te abandonará. Yo te puedo decir que esta tarea de cuidar a tu bebé es bellísima e importante por el lazo tan cercano que creamos al tocarlos, abrazarlos o escucharlos respirar. Se convierten en nuestra más grande responsabilidad que muchas veces, equivocadamente, no queremos compartir ni con nuestra pareja, y digo equivocadamente porque eso hace que nos sintamos más cansadas y estresadas.

La naturaleza es sabia y tenemos que escuchar a nuestro cuerpo cuando nos diga que ya no puede más. Dejar que nos ayuden a cuidar a nuestro pequeñito no nos hace mejor o peor mamá, ¡quítate las culpas! Los bebés necesitan muchos cuidados y atención, comprendo que es gratificante estar al pendiente de ellos, pero también hay que saber cuándo pedir ayuda por el bien de ambos.

Como sabes, los recién nacidos comen cada tres horas durante el día y la noche, lo que impide que las mamás durmamos las seis u ocho horas seguidas diarias que el reloj biológico nos exige para rendir. Por eso es importante que platiques con tu pareja sobre cómo pueden apoyarse para cuidar al bebé.

Afortunadamente, esta tarea es hoy más compartida porque los hombres están más dispuestos a involucrarse en estos deberes. Te platico mi experiencia: Mi esposo y yo hacíamos "equipo", él calmaba al bebé mientras lloraba por un cólico y le cambiaba el pañal en la madrugada, y yo me encargaba de alimentarlo y dormirlo. Esta colaboración nos permitió tener mejor calidad y cantidad de sueño.

Trata de no estresarte, te aseguro que la situación del cansancio irá desapareciendo conforme tu bebito vaya creciendo.

Después de los seis meses, por lo general, ya duermen plácidamente toda la noche. A esta edad es cuando se introducen los cereales y otros alimentos en su dieta, mismos que le ayudan a no despertar en la madrugada a comer.

Recuerda lo que te dije al principio: "No hay plazo que no se cumpla" y éste también se cumplirá. Por eso te aconsejo que sonrías, es sólo un pequeño desvelo de los muchos que tendrás como mamá, pero estoy segura que tu bebé lo vale ¿no crees?

Participación de papá

Así como la maternidad es el mejor regalo que la vida nos puede dar a las mujeres, te puedo asegurar que los hombres, normalmente, reciben la bendición de la paternidad de la misma forma, como un ¡gran obsequio! Ellos también se llenan de emociones, miedos y dudas cuando se enteran que van a tener un hijo, pero la diferencia entre ellos y nosotras es que no todos lo expresan.

Creo que sería bueno preguntarles también a los hombres cuál es su sentir y no excluirlos en esta hermosa espera, ya que su rol como papá tendrá gran relevancia en la vida de nuestro hijo.

Actualmente, como te has dado cuenta, la mayoría de estos roles dentro de la familia han cambiado y el papel que desempeñan los papás no es la excepción. Por eso los papás de hoy participan de diferente manera a cómo lo hicieron los nuestros en su momento.

Seguro has escuchado a tu mamá decir: "*A mí tú papá nunca me ayudó a cambiar un pañal o a preparar un biberón*". Y eso es verdad, no lo hacían porque ellos fungían, en su mayoría, como proveedores. Principalmente se encargaban de nuestras necesidades materiales y se involucraban poco en el cuidado de los hijos.

Por fortuna para nuestros pequeños y para nosotras, los tiempos han cambiado y hoy existe un nuevo pensamiento de lo que es un papá. Con esto no quiero decir que lo que vivimos como hijos fue malo, pero sí creo que nuestros padres se perdieron, sin querer, de cosas que hoy, la mayoría de los hombres, valoran como estar más cerca física y emocionalmente de sus hijos, incluso desde antes de que nazcan... ¡Maravilloso acontecimiento!

Si te fijas, nuestras parejas ya nos acompañaron a las consultas con el ginecólogo y también se involucraron preguntando y opinando sobre los cambios que tuvimos en el embarazo. Otra experiencia que considero como grandiosa es que la mayoría de ellos vivieron la experiencia y alegría del alumbramiento con nosotras y además fueron los primeros en cargar y conocer a nuestro hijo. ¡Este es un momento emotivo donde es casi imposible no derramar una lágrima de felicidad!

En lo personal, como mujer, me llena de placer observar cómo hoy los hombres se dejan ver como seres que pueden demostrar su cariño sin miedo a sentirse débiles, que también pueden apoyarnos en el cuidado del bebé alimentándolo, bañándolo o durmiéndolo, sabiendo que no pierden su masculinidad.

Como comunicadora te puedo compartir que todos los días recibo llamadas y mensajes en la radio de papás preocupados por el manejo y cuidados de su bebé. Esta acción es sólo un reflejo de un gran cambio que nos beneficia a todos. Ahora bien, como madres podemos estar seguras que la bella responsabilidad de tener, cuidar y educar a un hijo es también de nuestra pareja y no únicamente nuestra.

Por eso, estoy convencida que el apoyo del papá en casa es muy valioso y, como mamás, lejos de limitarlo debemos apreciarlo. **De mamá a mamá** te recomiendo que no cometas el error de querer cortarle las alas a tu pareja en ese sentido, déjalo participar en los cuidados del bebé, es un gusto y un derecho que él tiene.

Las mujeres no podemos pretender enseñarles a los hombres cómo ser padres, porque eso es algo que ellos, por instinto y naturaleza, saben ser y hacer mejor que nosotras.

¡Muchas felicidades papá!

¿*Baby blues* o depresión post parto?

Si entre los tres y cinco días después de tener a tu bebé tienes síntomas como: Cambios de humor, fatiga, momentos de llanto sin razón, tristeza, melancolía, pérdida de apetito, dificultad para conciliar el sueño y estás susceptible, muy probablemente estás pasando por una leve depresión post parto, también llamada *baby blues*. No te preocupes, suele durar unas horas o desaparecer diez o quince días después de que nació tu hijo, es considerada común en las mamás sin importar si son o no primerizas.

Los cambios hormonales del embarazo son muchos y pueden afectar tus emociones. Si los síntomas duran más y son intensos, entonces sí te recomiendo que vayas al médico para que te dé el tratamiento indicado porque entonces podrías tener una fuerte depresión post parto.

Las mamás que sufren depresión presentan un cuadro más severo que no desaparece en pocos días, como sucede con el *baby blues*. Los estudios dicen que los fuertes cambios hormonales durante y después del parto provocan, en algunas mujeres, estados intensos de angustia, malestar general, dificultad para dormir, paranoia, crisis nerviosas e, incluso, intentos suicidas y pensamientos agresivos contra sus hijos.

Hace un tiempo, en mi programa de radio, entrevisté a una mamá que sufrió una fuerte depresión cuando nacieron sus hijos, al grado que tuvo que ser medicada porque atentó en contra de su propia vida. Ella me platicó que durante esta dolorosa etapa pasaba días enteros sin bañarse, levantarse de la cama y tenía conductas compulsivas como la de lavarse los dientes frecuentemente al grado de desgastarlos y dañarlos.

Desafortunadamente, lejos de encontrar ayuda médica, a pesar de haber visitado a varios doctores que no dieron un buen diagnóstico, sufrió el rechazo de amigos y familiares que no entendían su comportamiento. Fue hasta que ella, leyendo el caso de la conocida actriz Brook Shields, quien sufrió también de esta depresión, entendió lo que le estaba pasando y encontró la ayuda que necesitaba con terapias y medicamentos que la controlaron hormonalmente para salvar no sólo a su familia, sino también su vida.

Te platico este caso porque la depresión post parto que sufren algunas mujeres es digna de atenderse con la seriedad que requiere. Si la padeces, te recomiendo su libro, se llama "Maternidad Tabú".[1]

---

[1] Thiele Katia, *Maternidad Tabú*, Ediciones Urano, México 2010.

En el Hospital

APGAR

Ahora vamos a hablar de lleno de tu bebé, y empiezo diciéndote sobre la calificación que le puso el médico que lo recibió al nacer. A ésta se le llama APGAR, que es la regla nemotécnica de los criterios evaluados que son apariencia, pulso, gesticulación, actividad y respiración, e indica el estado de salud de los recién nacidos. Su resultado es una de las preguntas importantes que le debemos hacer al médico que nos atendió para saber cómo reaccionó nuestro hijo en sus primeros minutos de vida.

Para poder calificar al bebé, el médico evalúa, en primera instancia, la respiración, su frecuencia cardiaca y el grado de irritabilidad. Esto es la forma como reacciona a ciertos estímulos, su tono muscular y el tono de su piel revisando que no sea morado.

El APGAR se toma en el primer minuto del nacimiento y, posteriormente a los cinco minutos. Se realiza dos veces más con el fin de tener un pronóstico del bebé, es decir saber qué se espera de él.

Tamiz Neonatal

Cuando nace un bebé el médico es el encargado de practicarle ciertas pruebas para saber que se encuentra bien de salud, como la del APGAR que te acabo de mencionar. Otra es la llamada "tamiz neonatal", su objetivo es detectar la existencia de una enfermedad o deficiencia congénita, antes de que se manifieste, para la detección y tratamiento oportuno e integral.

La prueba consiste en tomar una muestra de sangre a través de un pequeño piquete en el pie del bebé, exactamente en su talón, a los dos días de haber nacido. Con esta prueba, además de saber su tipo de sangre, se pueden diagnosticar más de treinta enfermedades hereditarias antes de que se presenten los síntomas. Esto es maravilloso porque si se detectan oportunamente se pueden controlar a tiempo.

Mediante este análisis también se puede detectar desde el hipotiroidismo congénito (puede causar retraso mental) hasta casi medio centenar de enfermedades como hiperplasia suprarrenal congénita, fibrosis quística, galactosemia, etc.

En México el tamiz neonatal para la detección de hipotiroidismo congénito es obligatorio por ley y se debe realizar a todos los niños que nacen en territorio mexicano.[1]

Bebés prematuros y la incubadora

Posiblemente no, pero si tu bebé nació antes de tiempo entonces sí estás viviendo la experiencia de ver a tu pequeñito en la incubadora.

---

[1] Secretaría de Salud, Centro Nacional de Equidad de Género y Salud Reproductiva. Tamiz neonatal, detección y tratamiento oportuno e integral de hipotiroidismo. Lineamiento técnico 2007, México D. F.

Sé que como mamá esta situación te puede preocupar, pero es mejor que sepas que las incubadoras son necesarias para algunos recién nacidos porque funcionan como útero artificial y le proporcionan un ambiente estéril, cálido y que además lo aísla de microbios y de ruido. Los niños prematuros la necesitan porque tienen bajo peso y lo más peligroso es que pueden tener problemas de maduración e insuficiencia, por lo tanto, este aparato es un gran apoyo a la vida en estas circunstancias.

Si tu pequeño se encuentra en esta situación no te alarmes de más, habla con el pediatra y resuelve todas tus dudas. Lo que yo te puedo decir es que la mayoría de los bebés que se ven obligados a pasar un tiempo en ella se recuperan totalmente y no tienen secuela alguna.

Posteriormente, los bebés se estabilizan y cuando alcanzan los dos kilos ya los pueden trasladar a una cuna especial con los cuidados necesarios para su buen desarrollo, así que ¡ánimo!

Ictericia... ¡Un color de vida!

¿Te has fijado cómo los cuidados y atenciones para los bebés han cambiado en los últimos años? A mí me asombra ver que lo que antes no les preocupaba a nuestras mamás, hoy a nosotras sí. Y esto se debe a que la medicina ha avanzado mucho. Gracias a este desarrollo hay enfermedades que se pueden prevenir antes de que se presenten, ¿maravilloso no crees?

Con esto no quiero decir que antes no hubiera información, pero la forma de tratar las enfermedades era diferente. Creo que ninguna de nuestras mamás pensó que debían dejarnos en el hospital cuando nacíamos por el color de nuestra piel, ellas resolvían la situación a su manera y no lo hacían mal, ya que aún estamos aquí. Hace unos años bastaba con darnos baños de sol para quitarnos el color amarillo, seguro a ti también de bebé te pusieron un rato por las mañanas junto a una ventana para que obtuvieras buen color.

Hoy sabemos que los bebés que nacen con un color amarillento en su piel y en la esclerótica (la parte blanca del ojo) sufren de ictericia Este es un trastorno frecuente en los recién nacidos y es provocado por el exceso de bilirrubina en la sangre. No te espantes, aunque no somos médicos son términos que podemos entender. La bilirrubina, para que quede más claro, es el pigmento que resulta de la descomposición de los glóbulos rojos, normalmente se excreta en forma de bilis por el intestino pero, cuando se acumula en la sangre porque el hígado de los bebitos no puede descomponerla y eliminarla con rapidez, es cuando ellos se poner ¡amarillos! Y se entiende porque son órganos que apenas se están utilizando y necesitan tiempo y desarrollo para que puedan madurar y trabajar correctamente.

Te voy a dar una información muy valiosa. La ictericia fisiológica, que es la más común, suele aparecer alrededor del segundo o tercer día de nacido. Comienza a manifestarse por la cabeza y después se extiende a todo el cuerpo en sentido descendente: Cara, pecho, abdomen y, por último, las piernas. Los ojitos del bebé también pueden tener esta coloración y es importante destacar no les da fiebre. Este tipo de ictericia desaparece por sí sola con los baños de sol cuando el bebé tiene entre dos y tres semanas.

Pero si el doctor por medio de una muestra de sangre determina que los niveles de bilirrubina son más altos de los establecidos, es necesario un tratamiento de fototerapia el cual consiste en poner al recién nacido junto a una lámpara especial que le ayuda a eliminar el exceso de bilirrubina a través del hígado. Es muy común que se presente en bebés prematuros o que tuvieron sufrimiento fetal durante el parto.

Ahora, aunque no es frecuente, sí te quiero decir que en ocasiones se presenta otro tipo de ictericia entre las primeras 24 y 48 horas de vida del recién nacido por la incompatibilidad al grupo de sangre y al factor RH entre el bebé y los padres. Por eso es necesario hacerle un cambio de sangre a través de una técnica especial sanguínea, pero te repito, no es común.

Gracias a los avances médicos, hoy sabemos que la ictericia, cuando se presenta de forma agresiva y no se trata, puede provocar serios problemas como sordera, parálisis u otras lesiones cerebrales.

Si vigilas con amor y conocimiento a tu hijo marcarás la diferencia, por eso es importante estar informada.

Si es varón, hablemos de la circuncisión

La circuncisión es un procedimiento quirúrgico para quitar la piel que cubre la punta del pene, llamada prepucio. Normalmente se realiza durante la estancia del bebé en el hospital, aunque hay médicos que prefieren esperarse algunas semanas.

La circuncisión, si es hecha por médicos capacitados, no tiene ningún problema y está indicada sólo en bebés sanos y, aunque muchos lo niegan, es un procedimiento doloroso por lo que se recomienda algún tipo de anestesia que puede ser local y aplicarla como crema o con una pequeña inyección en el pene.

Las razones para circuncidar o no a los bebés pueden ser por las creencias religiosas y culturales de la familia, por medidas de higiene y también para crear una identificación con el padre.

En el caso que te hayas decidido por practicarle este procedimiento a tu bebé, debes llevar a cabo los cuidados necesarios para evitarle complicaciones. Uno muy importante es que mantengas su pene limpio con agua y jabón, y le hagas la curación indicada por su médico. El pene del bebé se restablece en una o dos semanas.

Por fin en casa...

Conociendo a tu bebé... El ABC

A continuación te voy a dar unos consejos *De mamá a mamá* para que te sientas más segura a la hora de cuidar a tu pequeño, así que ¡toma nota!

Cárgalo con seguridad

Primero que nada te recomiendo que confíes en tu instinto y desde el primer día sostengas a tu bebé con seguridad. Es importante que sepas que el contacto físico con él no solamente es bueno, sino fundamental para su bienestar emocional y psicológico.

La sensación de sentirse protegido entre tus brazos le da a tu bebé un sentimiento de seguridad. El amor que le demuestres, desde sus primeros días, lo ayudará a desarrollarse sanamente. Si lo cargas de forma titubeante percibirá tu miedo. Siempre sostén su espalda, cuello y cabecita, acércate a él de una forma tranquila para no espantarlo. *De mamá a mamá* te recomiendo que te inclines hacia él cuando lo levantes para disminuir la distancia para que no sienta un vacío en su cuerpo y, como recomendación, te invito a cárgarlo con un rebozo porque, además de ser una forma fácil de sostenerlo y transportarlo, es una excelente prenda para tranquilizarlo y para mantener un contacto amoroso con él cuando escucha nuestro corazón.

El rebozo se ha usado en diferentes culturas, haciendo evidente que la postura de bolita del bebé es benéfica en sus primeros 18 meses, ya que estimula su desarrollo debido al balanceo que las madres producimos cuando caminamos. Además, el tenerlo sostenido pegado a nosotras le brinda una sensación de paz.

Hoy en día, por lo práctico que son los rebozos, muchos hombres también los usan para cargar a sus bebés. Así que no lo pienses más y corre por uno porque también es cómodo para ti.

Alimentando con amor

Estoy segura que si todas las mamás supiéramos todos los beneficios que le damos a nuestro bebé cuando lo alimentamos con nuestra leche, ninguna se atrevería a privarlo de esta bondad que la naturaleza nos da cuando nuestro hijo nace. Y lo que sucede es que muchas no lo saben. ¿Acaso no te ha pasado que en las reuniones de amigas se habla más sobre la gran cantidad de vitaminas que tienen las fórmulas, lo prácticas que son y sobre el deterioro que pueden tener nuestros pechos cuando amamantamos? Con estos argumentos, ¡claro que cualquier mujer se puede convencer que no alimentar a los hijos con su leche no es tan malo! Y no es que tengan la culpa, más bien pienso que hace falta más información. Por eso hoy te la quiero compartir.

Para empezar, ninguna fórmula en el mercado se puede comparar con nuestra leche ¡ninguna!, y con esto no te quiero decir que sean malas pero, definitivamente, la mejor es la materna.

No sólo por las cualidades nutricionales que tiene, sino también por el lazo afectivo tan especial que se crea entre madre e hijo cuando lo amamantamos. Y bueno, por qué no decirlo, las mamás también nos beneficiamos al hacerlo. Está comprobado que disminuimos el riesgo de padecer en un futuro osteoporosis y, además ¡quemamos calorías recuperando más pronto nuestra figura!, entre otros beneficios.

Algo que debes saber para que no te desesperes y desertes antes de tiempo, es que la leche materna varía en cantidad y componentes según la etapa de la lactancia en la que estés, si lo sabes será más fácil que entiendas el proceso.

Cuando iniciamos la lactancia, lo primero que producimos es el calostro, después viene la leche de transición y, al último, la leche madura.

El calostro es un fluido espeso de color amarillo, la mayoría de las veces no se nota, por eso puedes pensar que tu bebé no se está alimentando y comenzarás a angustiarte, pero tranquilízate, es todo lo contrario.

El calostro es muy nutritivo y fundamental durante sus primeros días, ya que protege su sistema inmune pues evita que microorganismos patógenos se adhieran en su tubo digestivo. Aparte tiene proteínas, vitaminas A, E y K y algunos minerales como sodio, hierro y zinc.

La leche de transición aparece aproximadamente cuando el bebé tiene cuatro días de nacido y dura hasta el día catorce después del parto. Esta leche tiene más lactosa, grasas, calorías y vitaminas. Sentirás los pechos más inflamados porque es cuando tu producción va en aumento, el volumen es entre los 600 y 700 ml por día.

El último tipo de leche producido durante la lactancia es la leche madura, la cual comienza a producirse aproximadamente entre el día 14 y 15 después del nacimiento del bebé y tiene una gran variedad de proteínas, carbohidratos, lípidos, minerales y vitaminas.

También es necesario que sepas que la cantidad de leche que produces básicamente depende de la succión del bebé, no son indispensables los atoles ni los medicamentos. El tiempo indicado en cada seno es de 20 minutos y hay una buena razón para hacerlo: Al final de la tetada es cuando sale la grasa necesaria para el desarrollo del sistema nervioso central del bebé, no antes, así que date tu tiempo y ¡disfrútalo!

Con esta información ¿podrías dejar de darle tu leche al ser qué más quieres? Por amor y consciencia, no lo prives de ella.

Posición para dormir

Algo que a muchas mamás nos preocupa cuando tenemos un recién nacido es saber cuál es la posición adecuada para dormirlo y así evitarles algún peligro.

Hay diferentes posiciones indicadas por los pediatras pero las más recientes investigaciones indican que los bebitos deben dormir "boca arriba", al contrario de lo que se pensaba antes, ya que así no corren ningún riesgo.

Lo que sí está contraindicado es acostar a los bebitos boca abajo pues estaría en contacto directo con el colchón o con la almohada y podría tener problemas para respirar. Hoy en día, podemos encontrar en los centros comerciales cojines especiales para acostar a los niños "de lado", lo cual también es una posición aceptada.

Si hace frío, no lo cubras con muchas cobijas que le pesen, es mejor que lo duermas con una pijama abrigadora. **De mamá a mamá** te sugiero que levantes su colchón unos centímetros, del lado de su cabecita. Lo puedes hacer poniendo unos libros por debajo para elevarlo y así no quedará en posición recta.

Si tienes gemelos, hay algunos consejos de padres con gemelos que te quiero compartir: Muchos de ellos optan por acostarlos desde el primer mes en la misma cuna y la explicación que dan es que se formaron juntos. Esta acción les ayuda a revivir la situación que tenían dentro del útero. Varios estudios afirman que si se mantienen lado a lado logran conciliar mejor el sueño, conservando su temperatura corporal.

Al pasar el primer mes aproximadamente o cuando el espacio de la cuna sea insuficiente hay que ponerlos a cada uno por separado pero, si es posible, en la misma habitación. De esta forma se fomenta su individualidad, su espacio y se respeta su vínculo, el cual les hace quererse de una forma muy especial.

La vida me ha dado muchas satisfacciones personales y profesionales. La maternidad es, sin duda, la más hermosa y profunda de todas. El amor incondicional que siento por mis hijos me cobija, inspira y fortalece. En ningún lugar encuentro tanta luz como en su mirada.
Paola Rojas, Periodista

Posición ranita

Existe una postura que a los bebés les encanta y que nosotras las mamás disfrutamos mucho, es cuando los ponemos sobre nuestro pecho en forma de ranita. Está comprobado que con esta posición se relajan y se tranquilizan, ya que escuchan nuestro latido cardiaco como cuando estaban en nuestro vientre.

Además su cadera y su columna se protegen pues tienen su espalda curva hasta que empiezan a caminar.

Muerte de cuna

Algo que nos preocupa mucho a todos los padres es la muerte de cuna y, tristemente, la mayoría hemos escuchado historias de terror sobre este tema y por eso nos angustiamos tanto cuando nuestro bebé es pequeñito. Empiezo por decirte que la muerte de cuna es totalmente inesperada y súbita en lactantes de un mes a un año de edad. La causa es inexplicable a pesar de los estudios post mortem.

Y aunque su nombre así lo dice, no siempre sucede en la cuna, ya que también puede pasar en los brazos de los padres sin que se den cuenta porque los bebés no lloran ni se agitan. Sólo se sabe que dejan de respirar mientras duermen (apnea prolongada del sueño) y afecta a uno de cada dos mil niños.

Las estadísticas nos dicen que se registra mayor incidencia en bebés varones de dos a cuatro meses durante la temporada invernal y, algunos, después de haber sufrido un resfriado. Sin embargo, la mayoría no presenta enfermedades que puedan considerarse como disparadores de este problema.

Los factores de riesgo son madre fumadora, niños prematuros o de bajo peso y crecimiento lento. Hoy en día existen monitores que se colocan cerca de los bebés para detectar si están respirando o no, y si dejan de hacerlo suena una alarma que nos permite despertarlos.

Además de utilizar estos monitores *De mamá a mamá* te recomiendo que tomes estas medidas:

1. No fumes nunca cerca de tu bebé o en su habitación.

2. Evita dormirlo en medio de tu marido y tú.

3. No lo llenes de cojines o almohadas.

4. No le pongas cobijas y sábanas encima de su cuerpecito ni sobre su carita, ya que impiden que se pueda mover. Mejor duérmelo con una pijama abrigadora para evitar algún tipo de asfixia.

Canciones de cuna

¿Sabías que la voz de las madres, tranquiliza a los bebés? Se sabe que desde el quinto mes de embarazo ellos pueden escucharla, por eso cuando nacen y oyen la voz de su mamá se sienten familiarizados y seguros. Se ha comprobado que la frecuencia cardiaca de los bebés disminuye mientras escuchan a sus madres, increíble ¿no crees?

Por eso la recomendación es cantarle a nuestros hijos para que su desarrollo emocional e intelectual sea al máximo. La buena noticia es que los papás, también deben hacerlo porque la reacción que producen en los niños es similar.

Cuidados de su ombligo

Los recién nacidos merecen toda nuestra atención y como mamá debes detectar cualquier problema. La onfalitis es una infección en el ombligo que se produce rara vez, pero es potencialmente peligrosa. Para evitarla desinfecta bien el ombligo de tu bebé.

El ombligo se cae aproximadamente a los diez días de nacido pero, mientras no lo haga, hay que mantenerlo seco, protegido y tapado. Para desinfectarlo te recomiendo que utilices productos incoloros para detectar, con más facilidad, cualquier irregularidad. Evita los de color rojo o morado que venden en las farmacias.

Es importante que sepas que el primer signo de onfalitis es que su ombliguito huela mal, en ese preciso momento es indispensable consultar con el pediatra, así que ¡alerta mamá!

Acné miliar

Seguramente te has dado cuenta que los recién nacidos con frecuencia tienen granitos en su cara, a esto se le llama acné miliar. El cincuenta por ciento lo tiene, sobre todo en las mejillas, frente, nariz y alrededor de los párpados.

Estos granitos son acumulaciones sebáceas y desaparecen espontáneamente en sus primeras semanas, por eso no es necesario que los aprietes y tampoco que les pongas algún tratamiento especial.

Lanugo

El lanugo es una vellosidad aterciopelada que se empieza a formar entre la semana 13 y 16 de gestación en el cuerpo del feto y se pierde aproximadamente en la semana 40.

Cuando tu bebé nace, es posible que aún veas esta vellosidad en su espalda, hombros y brazos. Despreocúpate, es totalmente normal, la va ir perdiendo con el roce de la ropa y el baño.

¡Al agua pato!

El baño ayuda a los bebés a adaptarse al medio, ya que recrea la misma sensación de cuando estaban en el vientre materno. *De mamá a mamá* te recomiendo que lo bañes diario. Debes medir la temperatura del agua con tu codo para que tu hijo no se queme. Utiliza jabón neutro pues su piel es muy delicada y después ponle suavemente en todo su cuerpo crema especial para bebé. No le pongas crema de adulto, sus químicos pueden ser agresivos para su piel. Evita los cambios bruscos de temperatura para que no se enferme. El horario en que lo bañes es importante, si lo haces por la mañana lo vas a animar mucho, pero si lo haces durante la tarde/ noche se va a relajar y logrará conciliar el sueño de una forma rápida.

¿Por qué bosteza?

Todos los bebés se preparan de una forma natural para nacer, por lo tanto, tienen ciertos reflejos que los ayudan a adaptarse al mundo, así que si ves a tu bebé bostezar no creas que lo hace porque está cansado por el esfuerzo del parto, sino porque con este acto obtiene más oxígeno y afronta mejor sus primeros momentos de vida extrauterina. Este reflejo y el contacto físico y emocional contigo harán que su adaptación en el mundo sea mejor.

Hip... hip.... ¡hipo!

Cuando nuestros pequeños nacen llegan a padecer lo que conocemos como hipo, especialmente cuando sienten frío. Por eso, aunque seamos cuidadosas y no tengamos corrientes de aire, se pueden llegar a enfriar fácilmente cuando los vestimos o les quitamos su ropa para bañarlos, también les da hipo cuando tienen el pañal mojado. Lo que como mamás tenemos que hacer es cambiarlos de inmediato, arroparlos y darles un poco de leche para suspender el hipo que no los deja descansar.

El hipo es común en los recién nacidos, así que no te desesperes. Los bebés apenas empiezan a regular su temperatura y por eso les pasa, pero es pasajero.

¿Por qué llora?

La primera razón por la que los recién nacidos lloran es por hambre. Ellos se alimentan en promedio cada tres horas. Conforme crece el número de ingestas de leche va disminuyendo el hambre y la cantidad en onzas va en aumento. Por eso, al principio, puedes llegar a sentirte más cansada. Pero ten paciencia, aun así, no dejes de darle de tu leche porque es lo mejor que le puedes ofrecer y tampoco te desesperes si al principio te es difícil amamantarlo. Hay que tomarlo con calma porque es algo nuevo para ambos y lleva su tiempo aprender, como te comenté anteriormente.

La segunda razón por la que los recién nacidos lloran es porque tienen sucio el pañal y están incómodos. Por eso es necesario que lo revises con frecuencia y, si es necesario, lo cambies para evitarle rozaduras.

Y bueno, qué decir de los ¡horribles cólicos! Pobrecitos. Esta causa es muy frecuente por eso, como mamá, puedes aprender a identificarla por su reacción corporal, ya que es distinta a cuando tienen hambre.

El recién nacido con cólico pone sus bracitos y piernas firmes pegadas a su cuerpo, su carita se enrojece y el llanto suele empeorar por la noche. Estos dolores comienzan entre las dos y seis semanas de vida hasta los tres meses aproximadamente. Por eso no dejes de hacerlo repetir siempre después de alimentarlo, dale unos golpecitos suaves pero firmes en su espaldita.

Y otra situación importante por la que tu bebé puede llorar es porque no logra dormir y nosotras no sabemos cómo manejar sus horas de sueño. Al principio los pequeñitos no distinguen entre el día y la noche, es hasta los tres o cuatro meses cuando su ritmo biológico cambia y logran hacerlo. Por eso, para ayudarles en este proceso, **De mamá a mamá** te recomiendo que durante el día no lo acuestes en su cuna, tampoco cierres las cortinas de su cuarto para quitar la luz, ni pongas la casa en silencio. Este tipo de acciones lo van a ayudar a diferenciar entre el día y la noche y así conseguirá formar buenos hábitos de sueño.

Estas cuatro razones de llanto son las más frecuentes en los recién nacidos sanos, así que tómalas muy en cuenta.

No te estreses, te aseguro que te sentirás más tranquila conforme vayas conociendo a tu bebé, así que confía en ti y abraza estos bellos momentos que la vida te regala porque no duran para siempre, vendrán otros también hermosos pero éstos sólo los tendrás en tu memoria y corazón.

Estreñimiento

El estreñimiento es un trastorno que dificulta y hasta imposibilita a una persona a evacuar. En el caso de los bebés es común que durante sus primeros meses de vida lo sufran y es porque suelen tener mala coordinación en los movimientos de su intestino y además la relajación del esfínter de su ano no es muy eficiente todavía.

Para nosotras, las mamás, es horrible verlos sufrir cuando levantan sus piernitas y se ponen rojos al intentar pujar. Cuando les pasa esto es normal que estén inquietos, nerviosos y hasta lloren por las molestias causadas por la inflamación, gases y cólicos.

Para que tengas una idea de cómo se comporta su intestino, te comento que durante sus primeros días tu bebé debe evacuar por lo menos tres veces diarias, así que prepárate a cambiar ¡muchos pañales! Si no evacua, *De mamá a mamá* te recomiendo que se lo digas a su pediatra porque, posiblemente, no se está alimentando como debería.

Ahora bien, si tu hijo deja de evacuar por cuatro o cinco días y cuando logra hacerlo ves que sus deposiciones son duras y secas, también debes decírselo al pediatra para evitar que padezca estreñimiento crónico.

Hay muchos remedios caseros que te pueden ayudar, uno muy efectivo es el del aceite de ricino untado en su vientre, nunca tomado, hace efecto porque la piel del bebé es muy suave y delgada, por eso absorbe lo que le untes. También te recomiendo que te pongas un poco en la palma de tu mano y le des a tu chiquito un suave masaje en la región abdominal en dirección de las manecillas del reloj. Este ejercicio le ayudará a madurar su sistema gastrointestinal y, sobre todo, lo regulará. Este consejo me lo dio la doctora Elisa Gaona, gastropediatra que me acompaña frecuentemente en la radio.

Si todavía estás amamantando a tu bebé, consume papaya y ciruelas pasas para que reciba los beneficios de estos alimentos a través de tu leche y, si le das fórmula, algunas tomas prepáralas con té de ciruela pasa natural. Lo que no te recomiendo es que por la desesperación abuses de los supositorios de glicerina, no son del todo recomendables, ya que le pueden hacer un intestino flojo.

De mamá a mamá te recomiendo que lo bañes con agua tibia y flexiones sus piernitas para ayudar a su tránsito intestinal. Conforme vaya creciendo tendrás otras opciones como la fibra de fruta y de verduras que le darás a los seis meses, cuando empiecen con la ablactación.

Pienso que todos los puntos anteriores que te mencioné son los que más nos preocupan cuando somos mamás primerizas, pero **De mamá a mamá,** te digo que no te asustes al cuidar los primeros días a tu pequeño. Como te comenté al principio: La experiencia y el instinto materno hacen que reaccionemos cuando nuestros hijos nos necesitan, aun siendo primerizas. Es parte de la gran bendición y don femenino que nos caracteriza cuando somos madres, así que disfrútalo sin miedo.

¿Qué es para mí ser mamá? Ser mamá no aparecía en mi agenda, desde niña me he dedicado a trabajar y, ¿ser mamá? Pues ¿a qué hora? Hasta que gracias a Dios y, por amor, logré embarazarme y entonces me di cuenta que es la más bella forma de dar y recibir amor.

Janett Arceo, conductora.

Revisiones médicas

Vacunas, soldaditos de salud

¿No crees que la niñez es una de las épocas más hermosas del ser humano? Yo sí, ya que hay pocas preocupaciones y muchos sueños bañados de ingenuidad y sorpresa, aunque, como en todo, hay momentos que se quedan grabados en nuestra mente porque no nos gustaron. Las visitas con el pediatra son unos de esos momentos porque, normalmente, crean tensión en los niños. Algunos, en cuanto saben que van a ir a revisión médica, rompen en llanto.

Con los bebés pasa lo mismo, aunque no entiendan todavía el concepto de "médico" sí tienen memoria. Por eso empiezan a relacionar lugares, olores y, por supuesto, a reconocer a aquel señor o señora con bata blanca que saca jeringas y les abre la boca con un palito que les provoca asco.

No sólo sufren ellos, las mamás también lo hacemos porque nos duele verlos llorar y muchas veces tenemos que sujetarlos para que los puedan inyectar, ¡difícil momento! Pero, aunque no nos guste, es necesario que nuestros hijos sean periódicamente revisados por el pediatra desde que nacen y tengan todas las vacunas que nos indica el esquema nacional de vacunación. Te voy a explicar por qué: En la antigüedad sé descubrió que cualquier persona que había sufrido una enfermedad y había sobrevivido a ella era capaz de estar expuesta a la misma sin enfermarse. Esta capacidad de memoria que presenta nuestro sistema de defensa sucede al vacunar a los niños.

Las vacunas están hechas de ¡microbios! Sí, de los mismos que nos causan enfermedades, ¡claro ya muertos o debilitados!, así que no hay que espantarse. Cuando nos aplican la vacuna nuestro cuerpo reacciona y produce unas sustancias llamadas "anticuerpos", las mamás les decimos "soldaditos", ya que nos defienden de esa enfermedad en específico. Los anticuerpos permanecen dentro de nosotros por mucho tiempo hasta que disminuyen y es entonces cuando debemos aplicar otra vacuna igual que se le denomina "el refuerzo".

Maravilloso descubrimiento, ¿no crees? y más si sabemos que las vacunas salvan la vida de miles de niños cada año. Por eso, todos los niños deben recibirlas desde que nacen de forma obligatoria en tiempo y dosis.

De mamá a mamá te recomiendo que confirmes que la Cartilla de Vacunación[1] de tu pequeño esté al corriente. No te confíes en que la asistente del pediatra te va a avisar de cuándo hay que vacunar a tu hijo porque se le puede pasar, es mejor que tú estés al pendiente.

---

[1] La Cartilla de Vacunación es un documento oficial para dar seguimiento al esquema de vacunación a los niños menores de cinco años, escolares y adolescentes hasta los 19 años de edad. Siempre que se acude a vacunación se debe entregar para ver el esquema o anotar la vacuna que se está aplicando en ese momento.

Las primeras vacunas que se aplican a los recién nacidos son la de la Hepatitis B y la de la tuberculosis, después las demás conforme van creciendo y es importante que se las pongan porque hay enfermedades que son muy agresivas, incluso mortales, que se pueden prevenir con ellas.

No te alarmes, algunas vacunas causan reacción: Los pequeños llegan a sentirse mal, a tener fiebre moderada, dolor o inflamación en la zona donde se le aplicó. Son síntomas pasajeros y, además, no en todos los casos se presentan.

Antes de los 18 meses ya no está indicado que éstas se pongan en el glúteo del bebé, sino en su muslo. Después de esa edad se deben poner en el ante brazo, siempre con agujas delgadas y con jeringas y agujas desechables por su seguridad. Si tienes dudas pregúntale al pediatra.

Prevenir es la mejor forma de garantizar la salud de los seres más importantes de nuestra vida por eso ¡vacuna a tus hijos en tiempo y dosis!

Soplos

¿Sabías que a muchos bebés nacidos a término y, en mayor medida, a los prematuros se les puede escuchar algún soplo cardiaco durante su primera semana de vida? Éste suele ser un soplo llamado "inocente", es un sonido provocado por la sangre que fluye a través de un corazón normal. Comúnmente se escuchan en los pequeños porque su corazón se encuentra muy cerca de la pared torácica y, en su mayoría, desaparecen solos, así que no te preocupes de más. Ahora, si éste no desaparece es necesario que tu hijo sea evaluado por un cardiólogo pediatra.

Criptorquidia

La criptorquidia o testículo infantil no descendido es un problema que afecta hasta un cuatro por ciento de la población infantil masculina. Los testículos se desarrollan en la cavidad abdominal mientras el bebé se encuentra en el vientre materno, posteriormente, descienden hasta el escroto, pero no siempre sucede.

Los bebés prematuros tienen gran incidencia de esta enfermedad testicular. Normalmente, el problema se resuelve solo a los nueve meses, si no sucede es necesaria la intervención quirúrgica, ya que la criptorquidia puede ocasionar futura infertilidad, aumento de posibilidad de cáncer testicular y problemas de autoestima.

Fontanela

¿No te has fijado como las abuelitas con insistencia nos dicen a las mamás que cuidemos la mollerita de nuestro bebé? Esta mollera, como ellas les llaman, se conoce médicamente como fontanela. Te explico: Los huesos del cráneo de los bebés durante el parto no están firmemente unidos, esta peculiaridad les permite deformar su cabeza a la hora de salir por el canal del parto. Al existir esta separación en los huesos craneales se hacen espacios que dejan crecer al cerebro.

Es importante que la fontanela no reciba golpes y también que no se cierre antes de tiempo porque, si sucede, puede causarle daños neurológicos al bebé.

Al cierre prematuro de la fontanela se le llama craneoestenosis y para evitar que se presente, los médicos tienen que practicar tratamientos y cirugías. Por eso, las visitas mensuales al pediatra son importantes ya que el médico, al palpar su cabecita, se da cuenta de la evolución del cierre.

La fontanela o mollera suele cerrar entre los 12 y 18 meses, así que no dejes de preguntar sobre ella en las revisiones de tu bebé para que lleves un control.

Luxación de cadera

El médico revisa al bebé recién nacido inmediatamente después del nacimiento, y le realiza una prueba especial de caderas que consiste en abrirle bien sus piernitas, luego las flexiona y después las estira para saber si nació o no con luxación de cadera. Las niñas tienen más probabilidad de sufrirla. Si al cambiarle el pañal ves que una cadera no se abre al igual que la otra, háblalo con el pediatra.

Pie plano

Cuando los pies de nuestros hijos no tienen arco plantar se les llama "planos". Este arco no se aprecia en los bebés porque tienen una especie de almohadilla de grasa, misma que se va desvaneciendo conforme el niño va creciendo. Así que no te preocupes si le ves a tu pequeñito sus pies gorditos, esta forma va a cambiar cuando empiece a caminar porque comenzará a utilizar sus músculos y ligamentos. Te aseguro que después de meses de ejercitarlos se le desarrollará su arco plantar, el cual le ayudará a ¡correr, brincar y caminar!

Ojos claros

¿Te has preguntado porque los bebés nacen con los ojos claros, aunque sus padres los tengan oscuros? Por lo regular durante sus primeros meses de vida, les vemos los ojos de un tono azul grisáceo. Esta peculiaridad se debe a que las células productoras de melanina, que se encargan de darle color al cabello, piel y ojos, aún no están maduras y producen poca pigmentación. El color va a ir cambiando según la genética de cada uno de nosotros y, aproximadamente, a los seis meses de edad es cuando se aprecia el color real, no obstante, en algunos casos durante el primer año, la pigmentación del iris puede seguir incrementándose.

Pancita del bebé

¿Te has fijado que antes de que empiecen a caminar los bebés es común ver algunos con pancita? Esto no quiere decir que vayan a ser niños con sobrepeso, más bien es un rasgo característico de todos los pequeños hasta los 18 meses aproximadamente. Sucede porque el vientre del bebé es un espacio reducido en donde están todos sus órganos, así que no te sorprendas si está ¡panzoncito! Con el tiempo los niños aumentan más en su estatura que en peso y su cuerpo va tomando otra forma.

Cabello del bebé

¿Sabías que el cabello de los recién nacidos es suave y fino, y que se empieza a caer a las pocas semanas de vida? No te preocupes, es totalmente normal durante sus primeros seis meses de vida, después le crecerá otro más fuerte, así que prepárate a ver los cabellitos en sus sábanas. ¡No te asustes! Es natural que veas que se está quedando pelón, principalmente de la nuca, esto es porque los bebés pasan mucho tiempo acostaditos.

Esta caída de cabello no es exclusiva de los recién nacidos, también a las mamás se nos cae el pelo después del parto debido al cambio hormonal pero, de igual manera, te digo que no te preocupes de más. No te vas a quedar calva, esta pérdida es sólo temporal. Te aseguro que pronto recuperarás tu hermosa cabellera, es un precio que las mamás pagamos y estoy segura que lo vale.

¿Qué siente?

Estrés en bebés

Aunque te pueda parecer una exageración nadie se salva del ¡estrés!, ni los bebés, porque ellos también tienen cambios muy bruscos.

Como te comenté anteriormente, ellos vienen de un ambiente cálido, sin ruido y protegido y, al nacer, todo es diferente: Hay olores, sonidos y ruidos fuertes, así como cambios de temperatura, sensación de hambre y dolor. Si no son atendidos como lo necesitan pueden llegar a sentir "estrés" y manifestarlo de distintas maneras. Con esto no te quiero decir que cada vez que hagan un ruidito o lloren corras a cargarlo, es más, aprovecho para decirte que no es tan malo que lloren fuerte porque de esta forma jalan aire y fortalecen sus pulmones. Se ha comprobado que bañarlos los relaja. Por eso *De mamá a mamá* te recomiendo que le des un suave masaje con la esponja y manos, así lograrás que su organismo secrete melatonina, que es la hormona que combate el estrés.

Asimismo, te recomiendo que también lo lleves de paseo en su carriola, ya que el aire fresco vigoriza sus células, produciéndole una sensación de bienestar. No olvides que la música clásica los calma y los mantiene con un buen ritmo cardiaco.

Masajes

El amor es un sentimiento grande que los seres humanos necesitamos desde que nacemos. Todos somos capaces de darlo y recibirlo. No obstante, la forma y cantidad sí depende de la manera en la que nuestros padres no lo enseñaron cuando éramos pequeños. Pero lo importante no es sólo sentirlo, sino también demostrarlo y decírselo a los seres que amamos todos los días, ¿suena fácil verdad? Sin embargo, para muchos no lo es, porque aunque parezca raro, existe el miedo a sentirse débil a la hora de expresarlo.

Cuando un bebé nace se alimenta también del amor de su madre, esto sucede cuando lo abraza, besa, toca o cuando lo arrulla y le canta una canción de cuna para dormirlo, aunque no cante bonito. Estas muestras de amor son sustanciosas para ellos, a tal grado que se ha demostrado que los niños que reciben amor al nacer tienen mayor desarrollo que los que no lo tienen. Incluso los bebés prematuros que están en las incubadoras tienen mejor respuesta cuando sus padres les hablan o tocan.

Quiero recalcar "cuando los tocan" porque el sentido del tacto durante los primeros años de vida de los niños tiene un papel relevante. Es necesario que tengas contacto con su piel desde que nace, si lo haces, además de sentirse atendido y amado, se desarrollará mejor en muchos aspectos. Mi experiencia como madre de tres hijos me lo ha enseñado, por eso siempre recomiendo en mi programa de radio algo muy sencillo y saludable que te quiero compartir y es el de darle tú misma unos deliciosos masajes a tu pequeñito para que tenga un momento especial contigo. No te dé miedo lastimarlo, te aseguro que le va a encantar y tú los vas a disfrutar mucho.

Lo primero que tienes que hacer es ponerte una rica crema para bebés en las manos, caliéntala un poco y frótasela delicadamente en todo su cuerpo, acaríciale con suavidad sus deditos, brazos, estómago, espalda y no olvides los pies ya que tienen terminaciones nerviosas que van al cerebro y, al masajearlos, las estimulas.

Los masajes son en verdad muy buenos, no sólo porque creamos una conexión afectiva más cercana con nuestros hijos, sino porque le ayudan a nuestro bebé a regular sus funciones respiratorias, circulatorias y también gastrointestinales. Esto no es todo, el bebé, al sentir el calor de tus manos, logra relajarse y, por lo tanto, a tener un sueño más tranquilo y a comer mejor. Por eso te digo que los pequeñitos suelen ser más saludables cuando reciben este estímulo.

Otro de los beneficios que tiene el masaje es que los ayuda a tener una coordinación motora más rápida y aumenta sus reacciones musculares, haciéndolos más receptivos. Se ha comprobado que los niños que reciben masaje de parte de sus padres, gatean y caminan antes y con más precisión. Y, por último, te digo que entre las grandes ventajas que nos da tocar a nuestro bebé es que logramos llenar su tanque emocional haciéndolo más seguro, feliz y con mejor autoestima.

Regálale amor a tu pequeño, abrázalo, bésalo, cántale y acarícialo. No le quites la oportunidad de sentirse amado por ti, recuerda que este sentimiento formará parte de su memoria emocional y marcará gran parte de su comportamiento futuro.

Beneficios de la risa

Como mamás es conveniente animar a nuestros hijos e involucrarnos en sus juegos que, normalmente, les causan risa. Esta manifestación de alegría es muy benéfica, ya que es uno de sus primeros actos de socialización.

Con la risa los niños expresan placer, felicidad y unión social. Vivir en un ambiente alegre y divertido es la mejor vitamina para nuestros hijos y para toda la familia.

Cuando nos reímos el cerebro libera endorfinas, las cuales son analgésicos naturales que disminuyen el dolor, aumentan las defensas fortaleciendo así el sistema inmunológico, se relaja el estrés, la digestión se beneficia, ya que es un masaje para el tubo digestivo y el ritmo cardiaco disminuye, entre otros beneficios.

Los niños tienen la facilidad de reír de una forma contagiosa y espontánea cuando juegan y no necesitan de mucho, simplemente con taparnos la cara y desaparecer de su vista por segundos y aparecer de nuevo les encanta y les causa mucha gracia, incluso les provoca carcajadas. Así que no lo pienses dos veces y busca juegos que les diviertan y alegren el día.

Como dato curioso te digo que en promedio un adulto ríe de quince a veinte veces al día, mientras que un niño lo hace de 300 a 400 veces. No permitamos que nuestros hijos olviden cómo reír y lo bien que se siente. Fomentemos todos los días el entusiasmo en su corazón.

Explorando el mundo a través del juego

Descubriendo su cuerpo

¿Sabías que los niños pequeños descubren el mundo a través de las sensaciones de su cuerpo? En lo primero que se fijan son en sus manos y en sus pies, por eso es normal que jueguen con ellos y se los lleven a la boca. Antes del primer año de edad, descubren sus genitales y así, sin saberlo, empiezan con su propio conocimiento de la sexualidad. Es importante que como padres actuemos con naturalidad, ya que es una forma de ayudar a nuestros hijos a tener una percepción positiva de su cuerpo. No es bueno llamarles la atención pues los confundimos. A partir de los 18 meses esta acción es más frecuente y más evidente en los niños varones por su anatomía.

Primeros juegos

El juego para los niños es una necesidad que no siempre requiere de enseñanza. Ellos juegan y se entretienen de forma empírica con lo que tienen cerca y lo hacen de acuerdo a sus posibilidades. Cuando son bebés balbucean, hacen burbujas de saliva, doblan, tocan y muerden sus deliciosos pies y manos. Conforme van creciendo se van interesando en los diferentes objetos que tienen cerca. A continuación te doy unas ideas para que sepas qué darle a tu pequeño durante su primer año.

De los **0 a 6 meses** el sonido de las sonajas, los colores de los móviles que colocamos arriba de sus cunas y la melodía de la cajita musical que ponemos mientras duermen son sumamente atractivos para ellos. Los bebés necesitan juguetes que les ayuden a descubrir su cuerpo y a distinguir diferentes texturas, formas y colores como los que existen en los muñecos de goma, mordederas y alfombras.

De los **7 a 12 meses** los pequeños tienen la necesidad de explorar el mundo que los rodea y su forma de hacerlo es por medio del juego porque contribuye a su buen desarrollo psicomotriz, ya que es la base de un aprendizaje adecuado. A esta edad es recomendable comprarles muñecos de felpa y juguetes con diferentes colores y sonidos.

Como padres es conveniente animarlos e involucrarnos en sus juegos que normalmente les causan risa que, como te dije anteriormente, es muy benéfica, ya que es uno de sus primeros actos de socialización. Vivir en un ambiente alegre y divertido es la mejor vitamina para nuestros hijos y para toda la familia, así que ¡juguemos con ellos!

Estimulación temprana

Hace unos años no se hablaba de la estimulación temprana, creo que muchas de nosotras crecimos con la única estimulación que nos daban nuestros padres y, en ocasiones, era nula. Es más, hasta se presumía cuando algún niño empezaba a caminar sin haber gateado. Hoy sabemos que gatear es muy importante para el desarrollo neurológico y psicomotriz del bebé.

Las épocas cambian y las mamás nos vamos adaptando a ese cambio con tal de que nuestros hijos tengan un buen desarrollo. Así que si te decides a llevar a tu pequeño a un centro de estimulación temprana desde su primer año no te angusties si algún ejercicio se le dificulta. Recuerda que es apenas un bebé y que cada niño tiene su tiempo, por eso evita compararlo con otros de su misma edad.

Con la estimulación temprana los bebés exploran el mundo que los rodea enfrentando grandes retos que van de acuerdo a su madurez como es atravesar túneles, rodar sobre enormes pelotas y caminar sobre barras de equilibrio. Es importante que en los cursos estimulen las cuatro áreas que a continuación te menciono para lograr desarrollar al máximo sus capacidades, habilidades y facultades.

1. **Motricidad:** Sostener su cabecita, sentarse y caminar.
2. **Coordinación:** Tomar juguetes, alimentarse solo y apilar bloques.
3. **Socialización:** Demostrar afecto y jugar con los demás.
4. **Lenguaje:** Entender órdenes y expresarse. Lo logran normalmente con el canto y el baile.

Apoya a tu bebé, estimúlalo y juega mucho con él porque es su mejor forma de aprender, pero *De mamá a mamá* también te recomiendo que no caigas en el extremo de querer formar un "súper niño". Dale su tiempo y respeta su ritmo porque tampoco es aconsejable la sobre estimulación y la presión que, desafortunadamente, algunos padres ejercen sobre sus hijos.

¿Qué hacer?

Persiguiendo un respiro, espasmo del sollozo

Ahora te voy a hablar sobre algo que a todas las mamás nos angustia mucho y es cuando nuestro hijo se priva llorando y que médicamente se conoce como espasmo del sollozo Este es un trastorno que sucede después de los seis meses hasta los cinco años, aunque es más frecuente en el segundo año de vida, y se caracteriza, básicamente, por crisis recurrentes de apnea transitoria, es decir, el niño deja de respirar por un instante entre 5 y 20 segundos. ¡Claro!, a nosotras las madres se nos hacen una eternidad porque nos da miedo que se pueda morir o que al faltarle aire a sus neuronas sufran algún daño. ¿Cómo no pensarlo si desconocemos el tema?, además de que el cuadro no es nada agradable.

Definitivamente, se siente una gran impotencia al ver a nuestro bebé desesperado tratando de jalar aire y no poder, ver su cuerpecito tenso o rígido y su piel y labios cambiar de color y, si a esto le agregamos que en esos segundos todos a nuestro alrededor nos quieren ayudar y nos dicen qué hacer, por supuesto que nos ¡angustiamos!

Y lo peor es que al no saber cómo reaccionar, por la deses- peración llegamos a seguir algunos malos consejos como sacu- dirlo, darle una fuerte nalgada, soplarle en la carita o echarle agua fría y hasta darle respiración de boca a boca. Lo sé, es una gran confusión y más cuando sucede con frecuencia porque hay niños que se privan al llorar varias veces al día.

Te voy a dar una buena noticia que me dio el pediatra Jorge Gutiérrez Acosta y que te va a dar mucha tranquilidad y confian- za: A un niño cuando se priva llorando *¡no le pasa nada!* ¡Uf!... ¿Verdad que te sientes mejor? Cuando ya sabes que no pasa nada, vas a poder reaccionar de otra manera y evitar voltearlo de cabeza o moverlo de forma brusca porque estas maniobras sí pueden llegar a dañarlo severamente.

El espasmo del sollozo puede ser de dos tipos: Uno es el cia- nótico y es cuando el niño se pone morado y el otro es cuando palidece. En ambos casos les falta aire y tensan su cuerpo, pa- sando el suceso se ponen flácidos y sudorosos, algunos pocos llegan a desmayarse.

De mamá a mamá te digo que no te alarmes, sólo tienes que vigilarlo y esperar a que pase el episodio. Ahora, nuestra reac- ción como madres va a depender mucho de por qué lo hace. Los niños llegan a privarse al llorar básicamente por tres razo- nes: Un susto, un golpe o un berrinche. Si es por alguna de las dos primeras causas es importante abrazarlo y darle seguridad para que se tranquilice, normalmente, después quiere dormir y hay que permitírselo. En cambio, si se priva llorando porque no le damos lo que quiere, entonces es un berrinche. Aquí nuestra actitud debe ser otra, lo mejor es verlo fijamente mientras está el espasmo (sé que no es fácil, pero recuerda, no les pasa nada) y después desaprobar su acción. Está comprobado que muchos niños nos manipulan de esa manera y, al notar que no funciona, dejan de hacerlo.

También es necesario que sepas cuándo llevar a tu hijo al pediatra y cuándo no. Por eso te voy a dar unos tips. Para que sea espasmo del sollozo siempre tiene que haber un detonante como un susto, un golpe o un berrinche. No es normal que un niño se prive al estar tranquilamente viendo la tele o dormido porque podría ser otro problema. También tiene que suceder después de los seis meses de edad, si pasa antes hay que comentarlo con el médico.

Recuerda, la maternidad nos da un sexto sentido, hazle caso, es un don que nos regala Dios para poder cuidar bien y con amor a nuestros pequeñitos, ¡buena suerte!

Fiebre ¡qué susto!

Con la experiencia, las madres aprendemos a bajar la fiebre a nuestros hijos. Este es un momento difícil, ya que a ninguna nos gusta ver a nuestro niño tirado en su cama, temblando, con frío y con el cuerpo caliente. Pero, es importante que sepamos reaccionar y bajarles la temperatura con lienzos húmedos y medicamentos.

Ahora, si el termómetro llega a 39 grados o más puede presentarse una convulsión febril que es más frecuente en niños entre los seis meses y los cuatro años de edad. Durante la convulsión el cerebro del pequeño empieza a producir impulsos eléctricos anormales y rigidez en el cuerpo, hecho que obviamente nos asusta y alarma a las mamás La mayoría de estas convulsiones duran entre uno y cinco minutos, tiempo que se nos hace eterno.

Si por alguna razón tu pequeño llega a convulsionar, sostenlo para que no se golpee la cabecita mientras pasa el episodio, después báñalo con agua tibia, no fría, hasta que su cuerpo recobre una temperatura normal y háblale a su pediatra para que te dé las instrucciones precisas a seguir. Saber cómo reaccionar y mantener la calma hace la diferencia en las situaciones difíciles que como mamá podemos vivir.

Golpes en la cabeza

Los niños, al igual que los adultos, no estamos exentos de sufrir algún golpe que nos provoque dolor y molestias, éstos pueden ser en muchas partes del cuerpo, pero hay ciertos lugares, como la cabeza, que nos llegan a preocupar más. Por eso, si tu hijo se golpea la cabeza es necesario observarlo por ocho horas para ver cómo reacciona después del golpe. Lo más frecuente, es que llore con todas sus fuerzas y por eso se cansa y le da sueño. La recomendación de que no debemos dejarlos dormir es sólo porque al estar despierto podemos ver sus reacciones pero, si se duerme, es necesario despertarlos cada 20 minutos para confirmar que esté consciente.

De mamá a mamá te recomiendo que después de abrazarlo y consolarlo, si ya tiene lenguaje, le hagas algunas preguntas sencillas como: ¿Cuántos años tienes, cómo te llamas, quién soy yo o de qué color es la pared? En fin, preguntas que normalmente puede contestar.

También revisa su coordinación, es necesario que los movimientos de tu hijo no sean torpes, que no tenga vómitos explosivos, que no se queje de un dolor de cabeza importante, que no vea borroso y que no tenga sensación de hormigueo en su cuerpo. Es muy importante que no le salga ningún tipo de líquido por el oído y que no pierda el conocimiento.

En caso de que tu hijo presente alguno de estos síntomas es indispensable que lo lleves al médico rápidamente para que le haga los estudios pertinentes para evaluar el daño, si es que lo hay.

Afortunadamente, la mayoría de los golpes en la cabeza de los niños quedan sólo como un susto y mala experiencia, pero sí hay un porcentaje de ellos que provocan daños y más cuando no son atendidos.

Reflujo

El reflujo es un padecimiento del que se habla con mayor frecuencia en los últimos años y, además, se abusa en el diagnóstico, ya que no todos los casos se tratan igual y mucho menos necesitan cirugía. Te lo comento para que no te espantes, es mejor que hables con el pediatra de tu hijo para que, si es necesario, le dé tratamiento.

El reflujo gastroesofágico ocasiona que el niño devuelva el alimento contenido en su estómago a través del esófago hacia la boca, por lo tanto, vomita con fuerza. También suele llorar mucho después de comer, esto es un indicador de que su esófago está irritado.

Otros síntomas que los niños manifiestan con el reflujo es que salivan más, tosen mucho, principalmente por la noche, y no suben de peso. Las recomendaciones básicas son: Mantén a tu hijo en posición vertical después de comer para que sea más difícil que regrese la comida y no lo mezas. Ofrécele pequeñas cantidades de leche en cada toma, pero con mayor frecuencia para no recargar su estómago. Si ya come papillas, prepáralas más espesas. Checa que tu hijo duerma de lado para evitar que vomite y, si lo hace, para que no se ahogue. No le pongas ni el pañal ni la ropa apretada y no agites sus tomas de leche para que no se formen burbujas que entorpezcan la digestión.

Deshidratación

Un niño o un bebé se deshidrata cuando le faltan líquidos en su cuerpo y esto sucede, en muchas ocasiones, por las diarreas y vómitos que pueden causarles algunas infecciones. Por eso es importante, si le sucede, que revises el cuadro físico que presente.

Los menores deshidratados presentan ojos hundidos, lengua y mucosa seca o pegajosa, no producen lágrimas y tampoco orinan. Por eso es importante revisar que su pañal esté mojado. Si son lactantes la fontanela se les hunde y el color de su piel es gris.

Lo importante ante esta situación es que sepas cómo reaccionar, siempre tienes que llamar al pediatra, quien te dará indicaciones importantes. Es necesario que repongas los líquidos perdidos en su cuerpo, por eso dale agua y, preferiblemente, suero oral a cucharadas o con una jeringa para que sea poco a poco y tomándote tu tiempo, ya que si les das gran cantidad de agua es muy probable que la vomite. Recuerda que el suero oral lo venden en las farmacias, es muy económico y tiene las sales que el cuerpo necesita cuando se deshidrata. Si aun así tu pequeño no reacciona, es indispensable llevarlo a Urgencias, ya que la deshidratación es causa de muerte infantil.

Saber cómo reaccionar ante una emergencia médica es necesario, así como tener en casa un botiquín médico. Adriana Sosa, especialista en primeros auxilios me dijo en una entrevista de radio que nosotras podemos armar el botiquín. Sólo necesitamos termómetro, perillas de succión, gasas, vendas, tela adhesiva, antisépticos, guantes, sábana térmica, abate lenguas de plástico, tijeras de botón, mascarilla de RCP, antifebriles, compresas frías (*cold pack* que se activan con un golpe, las encuentras en las farmacias), antihistamínico, botella de agua y un sobre de azúcar para la baja de glucosa.

A los seis meses

Probaditas con amor

Como te dije anteriormente, cómo han cambiado los tiempos de cuando nosotras éramos pequeñas, y es que no existía tanta información médica, por eso las mamás nos alimentaban sin pensar que la comida que nos daban nos iba a causar alguna alergia en el futuro.

Seguramente a muchas de nosotras nos dieron algún chocolate, una fresa, nos endulzaron la leche con miel o nos dieron la yemita cruda de huevo con sal antes del año. Esos tiempos ya quedaron atrás porque los pediatras hoy nos lo tienen prohibido.

Lo que no ha cambiado es el hecho que el primer y mejor alimento para tu bebé es la leche materna y no debes suspenderla aunque le incluyas otros alimentos en su dieta porque ésta sigue siendo muy importante para su desarrollo físico y cerebral.

A los seis meses de edad las reservas de hierro de tu bebé empiezan a bajar, por eso debes complementar su nutrición con alimentos sólidos como son las frutas, verduras, cereales y carnes. Es, en este momento, cuando empieza la ablactación.

¡No te preocupes! A esta edad el estomaguito de tu peque-ño ya está listo para recibir los alimentos arriba mencionados pues ya puede sentarse y además su lengua tiene la suficien-te fuerza para saborearlos y sentir la cuchara. Eso sí, te re-comiendo que tengas paciencia y disfrutes este momento que debe ser progresivo y lento.

Empieza por pequeñas probaditas de un sólo alimento. Te sugiero que el primer día le des 3 ó 4 cucharaditas solamente por la mañana para que puedas ver durante el día qué tanto lo toleró. Al segundo día, si lo aceptó bien, dale 10, al tercero todo lo que quiera y al cuarto le puedes dar dos veces al día lo mismo, por la mañana y por la noche.

De mamá a mamá te recomiendo que cada cuatro días le cam-bies el alimento porque así es más fácil que identifiques si algu-no le cae mal. Ahora, si esto le sucede y muestra ciertas moles-tias como vómitos, diarrea, estreñimiento, ronchas, rozaduras o tiene dificultad para dormir, suspende inmediatamente lo que le estés dando y llama al pediatra.

¡Ahora sí, vamos con la ¡ablactación! Puedes empezar con las frutas como manzanas, peras, plátanos, duraznos, mangos, ciruelas, guayabas y chabacanos. Tienen que estar lavadas y, preferentemente, crudas, rayadas, suaves y sin semillas.

Después dale a probar verduras como zanahorias, chayotes, ejotes, chícharos, espinacas, calabazas y acelgas, todas van co-cidas. También le puedes dar cereales, empieza con el de avena y arroz, y después el de trigo, y los combinados que puedes mez-clar con leche materna o con jugos y frutas.

Cuando tu bebé haya probado lo anterior, puedes prepararle ricas papillas de carne blanca como pollo y pavo e incluir leguminosas como papa, frijoles y lentejas.

Muchos pediatras recomiendan que les demos a los bebés la carne roja a los nueve meses, siempre cocida y mezclada con verduras. A esta edad puedes añadir a la dieta cítricos como mandarinas, toronjas, naranjas y limones.

¡A los diez meses tú bebé ya debe hacer sus tres comidas completas! Y aunque muchas mamás se adelantan, es hasta los 18 meses cuando la mayoría de los pediatras, especialmente los alergólogos, recomiendan, que se les dé huevo cocido o frito y pescado.

No olvides que, para que la ablactación tenga éxito, debes hacer un ambiente agradable: Cómprale a tu bebé platos y cucharas con dibujos llamativos, recuerda que para ellos todo es un juego y si haces este momento divertido, tu pequeñito lo disfrutará más, ¡mucha suerte y buen provecho!

Dentición

Si tu bebé está molesto puede que empiece con la dentición. Este proceso aparece generalmente a partir de los seis meses de edad, aunque hay niños que se adelantan o retrasan en el proceso. Cuando los primeros dientes, llamados de "leche", empiezan a salir es normal que los pequeños se rocen más y sientan molestia en las encías. Por eso *De mamá a mamá* te recomiendo que frotes su encía con tu dedo limpio o con un cepillo dental especial para bebés.

También te comparto un consejo que me dio Alejandro Pelaez, reconocido odontólogo: Mete la mordedera de tu bebé al refrigerador 30 minutos antes de dársela porque el frío le va a calmar la molestia, si no tienes una a la mano puedes darle una zanahoria dura y fría.

Es esencial que sepas que los bebés, en esta etapa, producen mucha saliva. Por eso es importante que limpies constantemente su carita con un trapo húmedo para evitar que le salga salpullido.

Rozaduras

Es indudable que las mamás dejamos el corazón en nuestros hijos cuando los vemos llorar porque algo les duele. Y, precisamente cuando empiezan con la dentición, se rozan más a pesar de que les cambiemos con frecuencia el pañal, así que ¡no te tortures pensando que tienes la culpa!, son etapas que tenemos que vivir y sufrir con ellos.

Durante este periodo en donde les brotan sus primeros dientes es necesario que te prepares para evitarle a tu bebé las mayores molestias posibles. Por eso **De mamá a mamá** te voy a dar algunas prácticas recomendaciones:

1. Trata de dejarlo el mayor tiempo que puedas sin pañal para que su piel respire.
2. Cuando lo cambies límpialo con un algodón con agua o manzanilla. Evita las toallitas húmedas porque tienen químicos que le provocan ardor.
3. Al bañarlo usa jabón neutro y no lo frotes.
4. Ponle una pomada para protegerlo que preferentemente tenga óxido de zinc o también puedes comprar alguna que tenga caléndula. La encuentras en las farmacias naturistas.
5. En lugar de talco perfumado puedes ponerle Maicena, te aseguro que es muy efectiva.

Si pones estas medidas en práctica, tu bebé se sentirá mejor al pasar por esta etapa ¡suerte!

A gatear se ha dicho

La etapa del gateo suele darse entre los ocho y los once meses de edad y, *De mamá a mamá* te recomiendo que induzcas a tu bebé para que no se la salte.

Como todo lo que hace tu pequeñito, gatear es un gran logro porque para hacerlo necesita de mucha concentración y, sobre todo, de una enorme capacidad para poder controlar sus movimientos.

Normalmente, los bebés gatean de una forma simétrica moviendo una mano y luego la rodilla del lado contrario, aunque hay algunos que tienen su propio estilo y velocidad.

Hay niños que no muestran interés por gatear y se saltan esta etapa. Si esto le pasa a tu bebé, te recomiendo que lo pongas boca abajo en el piso y le dejes sus juguetes a cierta distancia para que intente alcanzarlos. También puedes subirlo sobre una enorme pelota y moverlo hacia adelante y hacia atrás para que sienta el movimiento. De verdad te lo aconsejo, Laila Anguiano, especialista en estimulación temprana e invitada de mis programas me dijo que gatear es muy importante para su desarrollo, ya que con esta acción logra mejorar su motricidad, desarrolla su inteligencia y le aporta visión espacial y equilibrio. Y no sólo eso, también aprende a distinguir texturas y a diferenciarlas pues cuando gatea sobre alfombras, pisos o pasto, por ponerte un ejemplo, las siente.

Es importante que le pongas pantalones, los de mezclilla son muy cómodos, ya que evitan que se lastime sus rodillitas.

Andaderas

No hay ninguna duda de que las andaderas son motivo de placer para los bebés porque pueden desplazarse de un lugar a otro a una edad en la que todavía no pueden caminar.

Los pequeños en la andadera experimentan la velocidad y la independencia, por lo tanto, las madres tenemos "cierta" libertad para realizar nuestras tareas. Pero no todo es maravilloso, si no los supervisamos la andadera puede causarles daño.

Hay estudios que demuestran que si la andadera se utiliza en niños muy pequeños y por muchas horas al día pueden retrasar su desarrollo motor normal. Así que te recomiendo que no abuses de la comodidad que te puede ofrecer este aparato y sobre todo que no te confíes dejando solo a tu pequeño en ella porque puede sufrir un accidente. Utilizarla con medida no ocasiona ningún problema y a los bebés les encanta.

De mamá a mamá a mamá te recomiendo que tapes los lugares donde hay escaleras y no los dejes sin vigilancia ¡NUNCA!

¡Mucho ojo!

Codo de niñera

¿Sabías que los adultos podemos llegar a lastimar a los pequeñitos sin darnos cuenta? Y es que hay una lesión que se conoce como "codo de niñera" y médicamente como subluxación de la cabeza del radio. Sucede cuando jalamos la mano o el antebrazo del niño con fuerza para hacerlo caminar más rápido o cuando queremos que suba un escalón.

Esta es una lesión leve de la articulación del codo y se llega a producir en niños pequeños entre cero y cuatro años, ya que sus ligamentos tienen aún cierta laxitud. La época más frecuente es cuando están aprendiendo a caminar, por eso hay que sostenerlos con más cuidado.

Síndrome del niño sacudido

Tristemente hay adultos que se desesperan cuando los niños no dejan de llorar y por eso los sacuden o avientan para callarlos. Hacerlo es muy peligroso porque podemos lastimar a nuestros hijos si no los tratamos o cargamos con cuidado y más cuando aún son pequeños.

El síndrome del niño sacudido es un abuso de quien lo hace y es considerado maltrato físico infantil, ya que le puede provocar al niño lesiones graves en el sistema nervioso central, así como daño cerebral. Generalmente, ocurre antes de los tres años de edad y en su mayoría en el transcurso del primer año de vida. Como humanos podemos perder la paciencia, pero nunca al grado de lastimar a los seres que más queremos, así que a controlar nuestras emociones.

Síndrome de Münchhausen por poder

En psiquiatría existe un síndrome llamado de Münchhausen por poder. Es un trastorno en el cual el progenitor, por lo general, la madre, induce enfermedades a su hijo intencionalmente. Eso lo hace al darle a los médicos información falsa acerca de la salud de su hijo, inventando enfermedades o síntomas que el pequeño no padece. La mayoría de ellas tienen conocimientos médicos, ya que saben cómo inducir vómitos, provocar hemorragias, administrar sobredosis de fármacos, producir lesiones o inyectar sustancias nocivas o gérmenes al cuerpo del niño con el fin de llamar la atención, salvar su matrimonio o ganarse la simpatía de los demás al verlas como víctimas.

Las madres con este síndrome no se dan cuenta de que lo tienen y, en algunos casos, tristemente, llegan a matar a sus hijos. La atención que necesitan es psiquiátrica. Detectar estos casos es difícil porque, en apariencia, son mujeres entregadas y dedicadas al cuidado de sus pequeños, mismos que, normalmente, son menores de un año.

El Síndrome de Münchhausen por poder se considera una forma de maltrato infantil en México, aun así el proceso legal puede durar años por la complejidad del diagnóstico.

Hablemos de seguridad

A prueba de niños

¿Sabías que casi el setenta por ciento de los niños que sufren graves accidentes en el hogar son menores de cinco años de edad? Es terrible pensar que en algún momento podemos vivir una experiencia semejante, por eso supervisar a los pequeños es la mejor manera que tenemos las mamás para mantenerlos seguros dentro y fuera de casa.

Esta situación es fácil de entender si tomamos en cuenta que los menores de cinco años se caracterizan por su ingenuidad, curiosidad, inquietud y ganas de explorar el mundo que los rodea. Además, en esta etapa de desarrollo y crecimiento es normal que los niños tengan cierta dificultad para controlar su actividad motora y, por si esto fuera poco, no miden el peligro. Pero lo peor es que a veces las mamás tampoco lo hacemos, nos confiamos pensando que en el hogar nuestros hijos están seguros y esta excesiva confianza hace que los descuidamos.

De mamá a mamá te voy a comentar algo para prevenirte no para asustarte: Dentro de la casa hay lugares de mayor riesgo, ¿qué piensas si te digo que tres de cada cinco accidentes ocurren en la cocina? Supongo pensarás que es alarmante, por eso hay que prestar mayor atención en esta parte de la casa y tomar las medidas necesarias. Te doy un ejemplo, si tu hijo ve el mango de la olla que hierve en tu estufa, es muy probable que lo jale para saber por qué sale humo de ahí. Para él puede ser ¡magia! por eso siempre coloca las ollas y sartenes en las parrillas traseras porque las quemaduras con líquidos calientes, como son el agua y el aceite son muy frecuentes. Guarda los cuchillos, picahielos, tijeras, tenedores u objetos con los que pueda lastimarse. Lo mejor es que además de supervisarlo le expliques que con esos objetos no se juega y que le des cubiertos de acuerdo a su edad, sin filo y más pequeños.

No sé dónde guardes las sustancias de limpieza como detergentes, cloro e insecticidas. Muchas mamás lo hacen en alguna gaveta de la cocina para que estén al alcance de todos, inclusive hay quien deposita estas sustancias en botellas de refrescos y envases de comida. Los niños a esa edad se pueden confundir y las prueban, en caso de que te suceda, contrario a lo que se cree, no lo hagas vomitar porque puede ser contraproducente ni le des leche, llévalo de inmediato a Urgencias. Coloca los productos de limpieza en estantes altos para que no los alcancen.

Ahora bien, como te dije, el baño es otro lugar de riesgo en el hogar. Aunque tu niño ya camine y sea un tanto independiente no lo dejes solo en la bañera y menos en la tina. Tampoco dejes medicamentos en el cajón de tu buró, es muy fácil que piensen que son dulces por los colores que tienen, pueden causarle daños realmente severos.

Pienso que con conciencia de los adultos y la ayuda de la modernidad las madres tenemos varias ventajas, ya que podemos ayudarnos equipando nuestra casa "a prueba de niños". Actualmente, en las tiendas encontramos seguros para perillas de la estufa o para ventanas, es muy importantes que los compres porque, como te mencioné, los niños pequeños son curiosos y suelen asomarse por ellas sin supervisión o peor aún, algunos pingos quieren imitar a un súper héroe y volar con la capa del disfraz o la pijama que las mamás solemos comprarles. También hay formidables puertas plegables para escaleras y tapas de plástico que cubren los enchufes y evitan que los niños les introduzcan objetos. Búscalos y evítate un gran susto.

Lo que te puedo decir es que nadie está exento de tener un accidente, un descuido o un mal momento. Pero será menos probable si hablamos con nuestros hijos explicándoles los riesgos que corren. Por eso debemos aplicar todas las medidas de seguridad.

Es mejor prevenir que lamentar.

Seguridad en el automóvil

"A mí nunca me va a pasar" es una frase que en ocasiones pensamos, que nos da una confianza equivocada, y que puede dañar a los seres que más queremos. Un ejemplo claro es cuando vemos a los padres manejando con sus hijos en las piernas o permitiéndoles sacar medio cuerpo por la ventanilla o quemacoco. Los accidentes, aunque manejemos con precaución o vayamos sólo a la tienda de la esquina, ocurren. La idea de platicarte esto es porque lo más importante que tenemos es la "vida", por eso es muy importante ser responsables y cuidar a nuestros hijos en todo momento.

El cinturón de seguridad es el principal elemento que nos protege dentro de un automóvil, es el más confiable y eficaz que se ha conseguido hasta ahora. Su función es impedir que, en caso de un percance, salgamos despedidos o que nos lastimemos con el volante.

No es por asustarte, pero se calcula que cada quince segundos alguien resulta lesionado en un choque automovilístico. Según las estadísticas, cada año los cinturones de seguridad salvan más de 13,000 vidas y nos ayudan a controlar el vehículo en caso de chocar.

Ahora bien, como mamá debes saber que todos los niños de doce años de edad o menores, deben viajar siempre en el asiento trasero y asegurados. Hoy en día puedes encontrar varios modelos de sillas infantiles, dependiendo de la edad de tu hijo, y se clasifican en las siguientes cuatro etapas: La primera es para los bebés que van desde recién nacidos hasta el año de edad. Ellos tienen que ir en el asiento trasero y su silla, conocida también como "huevo" por su forma, debe ponerse mirando hacia atrás, comúnmente la vemos mal colocada. La segunda, es para los niños de uno a cuatro años de edad. Los asientos deben colocarse mirando hacia adelante y son especiales porque tienen cinturones que sostienen el tronco del pequeño. La tercera es para los niños de cuatro a ocho años de edad y son los asientos elevados o *"boosters"* que se sujetan con el cinturón de seguridad. Y la cuarta es para los niños de ocho años en adelante o con mayor peso de los 18 kilos. Ellos pueden ir sin silla pero siempre con cinturón de seguridad y en la parte trasera del automóvil.

Como mamá sé que los niños frecuentemente lloran y se niegan a seguir nuestras indicaciones de seguridad porque no se pueden mover como quisieran, eso no nos debe detener. Debemos mantenernos firmes para protegerlos, es mejor que ellos lloren un rato a que nosotras lloremos toda la vida por perderlos.

El segundo elemento de seguridad más importante y eficaz, después del cinturón de seguridad, es la bolsa de aire o *airbag* que se infla en milésimas de segundo y frena al cuerpo evitando lesiones en la cabeza, cuello y tórax en caso de un accidente y por eso salva vidas. Pero sólo sucede si la utilizas adecuadamente, si no traes puesto el cinturón de seguridad, la *airbag* pierde su eficacia y puedes sufrir lesiones graves. Y así como te digo que pueden salvarte la vida como adulto, también te digo que pueden quitársela a un menor. Por eso nunca permitas que tu hijo se siente al frente del automóvil porque durante los accidente las *airbags* salen disparadas con una enorme fuerza que lastimaría el cuerpo de tu pequeño.

No titubees, sé firme y enséñale a tu hijo a obedecer tus indicaciones de seguridad. Disminúyele el riesgo de sufrir graves daños ocasionados por un accidente automovilístico. En estos casos no se vale que negocies con él sobre lo que puede o no hacer. Tú mandas porque después de un accidente ya nada es igual. Cuida a tu familia.

Chispitas de pólvora

¿A quién no le gustan los fuegos artificiales? La gran curiosidad e inocencia de los niños los hacen verlos con emoción porque producen brillantes y coloridas luces en el cielo y además su sorprendente sonido hace que les llame la atención.

¡Por favor!, no pierdas de vista que están hechos de ¡pólvora!, nosotras lo sabemos, pero ellos no. Una estadística que te comparto, porque como mamá me preocupa, es que los niños entre los cinco y los nueve años de edad tienen la tasa más alta de lesiones relacionadas con estos fuegos artificiales y las zonas del cuerpo más afectadas son sus manos y dedos. Muchos llegan a perderlos por esta causa. Además, se calcula que los niños tienen una posibilidad once veces mayor de lesionarse con fuegos artificiales si no están vigilados por un adulto.

Por eso, en mis programas de radio y televisión siempre enfatizo que los padres no podemos dejarlos solos, el exceso de confianza y la emoción de las fiestas hacen que los descuidemos. Lamentablemente esta "diversión", que es más frecuente durante los meses de septiembre y diciembre, provoca un incremento en el número de pequeños que son atendidos por quemaduras serias en hospitales y centros de salud.

Te lo menciono para que no minimices el riesgo y te doy un claro ejemplo: Normalmente vemos a las luces de bengala como inofensivas y por eso es común que se las demos a nuestros hijos para que disfruten de las chispitas que provocan, pero ¡cuidado! éstas pueden incendiar su ropa y causarle grandes daños. Ojo: Los niños no tienen aún la coordinación física necesaria para usar los fuegos artificiales de una forma segura.

Pero como dicen "nadie está exento", si por desgracia llegas a vivir una mala experiencia como la que te estoy mencionando, es necesario que sepas cómo reaccionar porque marcará la diferencia.

Aunque no seas experta, tienes que revisarlo y valorar la quemadura, si no es grave lo primero que tienes que hacer es bañar la herida con abundante agua fría. Nunca talles la piel o le apliques hielo, lociones o pomadas porque puedes empeorar la lesión.

Si tu niño se quema la mano o el brazo y tiene algún anillo, pulsera o reloj, quítaselo porque se puede inflamar y luego será más difícil hacerlo. Después habla con tu médico, en caso de que el problema sea más grave no pierdas tiempo y llévalo inmediatamente a un hospital.

Si sabes todo lo que puede ocurrir, te garantizo que la forma más segura para prevenir lesiones causadas por fuegos artificiales es dejar que los profesionales capacitados se encarguen de su manejo y, como familia, sólo disfrutemos de lejos del espectáculo.

Las quemaduras en los niños no sólo dejan cicatrices en el cuerpo, también dañan su autoestima y la forma de relacionarse con los demás. Cuidemos a nuestros hijos porque después de un accidente ya nada es igual.

Literas, doble cama ¡doble caída!

Cuando era niña siempre quise dormir en una litera, circunstancia que confieso nunca se me cumplió. Hoy que soy mamá entiendo que para la mayoría de los niños son muy divertidas, no es lo mismo bajar un pie y salir de la cama, que bajar por un tubo de bomberos, resbaladilla o escalera. Y es que hoy en día encontramos gran variedad de estas camas dobles en el mercado y, por obvias razones, atraen a muchos pequeños. Y no es que sean malas, lo que sucede es que las mamás, antes de comprarlas, tenemos que contemplar los riesgos.

En principio, no es conveniente que un menor de seis años duerma en la parte de arriba porque su coordinación para subir y bajar escaleras todavía no es la más adecuada. Si la compras te recomiendo que la pegues a una pared y le pongas del otro lado un barandal para proteger a tu pequeño de una fuerte caída. También verifica antes que los bordes y el armazón que soportan la litera superior sean resistentes para aguantar el peso del colchón y del niño, para que no se desplome encima del pequeño que duerme abajo. Y bueno, no está de más decirte que no dejes a tus niños brincar encima de ella, cuidémoslos y evitemos que se lastimen.

Atragantamiento

Creo que muchas mamás hemos escuchado casos de terror de niños o adultos que se han atragantado con un sólido que puede ser un bocado o un objeto. *De mamá a mamá* siempre recomiendo que eviten darles dulces o goma de mascar grande a sus hijos. También que partan tanto las salchichas como las uvas a lo largo antes de dárselas, porque si el pequeño llega a atragantarse con una de ellas, por su forma, tapan la vía aérea y evitan que el niño pueda respirar.

Créeme que por experiencia propia te digo que saber cómo reaccionar hace la diferencia. Primero, no está indicado dar golpes en la espalda, decir "pajarito, pajarito" o voltear de cabeza al niño porque de nada sirve.

Existe una maniobra llamada de Heimlich o compresión abdominal que consiste en abrazar a la persona atragantada por la espalda con los dos brazos, apoyar nuestro puño con el pulgar sobre el abdomen y presionar hacia el centro del estómago, justo por encima del ombligo y bajo las costillas de la persona. Aprender esta maniobra ayuda a salvar vidas, por eso los adultos que estamos a cargo de los niños la tenemos que conocer.

Maniobra de Heimlich para bebés.

Maniobra de Heimlich para niños conscientes.

Lluvia de emociones

Mamitis

Ver que nuestros hijos nos siguen necesitando a pesar de que están creciendo, a las mamás nos halaga. Sabernos útiles en su vida nos da un sentimiento de pertenencia y a ellos de seguridad.

Todos los niños pasan por diferentes etapas, hay unas en donde nos necesitan más que en otras. Los bebés, por ejemplo, establecen lazos afectivos con las personas que los cuidan. Aproximadamente a los ocho meses empiezan a depositar su confianza en ellas y a rechazar a los desconocidos. Por eso, es normal que rompan en llanto cuando no nos ven pues comienzan a sentir angustia por la separación. Es decir, no tienen conciencia de qué cosas y personas aparecen y desaparecen, por lo tanto, temen que nunca regresen.

Conforme los pequeños van creciendo empiezan a pedir cierta independencia, propia de su desarrollo psicológico y emocional. Los dos años es una edad de aprendizaje, ya pueden caminar y desplazarse por la casa y también sienten la necesidad de comer y vestirse sin ayuda. Al no permitirles tener logros, los estamos limitando y sobreprotegiendo. El mensaje que les estamos mandando es que no pueden hacer las cosas solos y que necesitan "de mamá" para tomar cualquier decisión en la vida. En ese momento estamos formando seres dependientes, con baja autoestima e inseguros, ya que necesitarán siempre de nuestra aprobación.

Cuando esta situación crece se genera un apego y "adicción" a la madre, se crea una relación de dependencia llamada mamitis que, cabe mencionar, a los ocho meses es considerada normal. Pero si continúa no es sana ni adecuada ya que trae consecuencias que afectan a los hijos a lo largo de la vida.

Durante la infancia los pequeños con mamitis manifiestan ciertas características en su conducta y emociones. Por ejemplo, su carácter podría ser retraído, no mostrará interés por socializar y hará berrinches, entre otras conductas.

Como mamás debemos reflexionar sobre cómo estamos educando a nuestros hijos, el amor que sentimos por ellos no nos puede cegar al grado de convertirnos en el centro de su universo. Las madres les damos el don de la vida, los amamos incondicionalmente, los educamos, los ayudamos a crecer y a madurar, pero también debemos dejar que forjen su futuro con libertad, asumiendo errores y levantándose de las caídas.

De ahí la importancia de que los hijos, desde pequeños, empiecen a formar su identidad, y vayan aprendiendo a tomar decisiones, a saber qué les gusta, y qué no para que en un futuro puedan enfrentarse al mundo con menos miedos e inseguridades.

Recuerda que aquellas pequeñas y hermosas miniaturas crecerán y se convertirán en adultos dependientes, cuestión que no les será útil a lo largo de su vida. De hecho, podría afectar sus habilidades sociales, su manejo de conducta y enfrentamiento de emociones. Léase resistencia para adquirir responsabilidades, no saber trabajar en equipo, desequilibrios personales, inmadurez por temor a crecer y miedo a dejar de ser hijos para convertirse en padres, situación que a su vez afecta las relaciones de pareja. Los adultos que tienen estas características padecen el Síndrome de Peter Pan por su inmadurez, dependencia a su madre y temor a dejar la infancia.

De mamá a mamá sé que no es fácil ver volar a los hijos, por eso estoy convencida que el camino nos será más fácil cuando dejemos de verlos como una extensión de nuestra vida y los veamos como seres independientes. Los podemos acompañar, pero siempre teniendo claro que los hijos, algún día, despegarán para formar su propia familia. Recuerda que el mejor regalo que les podemos dar a nuestros hijos es la independencia.

Objetos de transición

Es necesario enseñarles a nuestros hijos, desde que son pequeños, a desprenderse tanto de lo físico como de lo material, tarea nada fácil porque hasta a nosotros los adultos nos cuesta trabajo hacerlo. Un ejemplo claro es cuando olvidamos el celular, la mayoría nos sentimos inseguros sin él, aunque no esperemos ninguna llamada importante o vayamos únicamente al centro comercial. Lo mismo les pasa a los niños cuando dejan en casa el osito de peluche o la cobijita que los ayuda a dormir, son objetos llamados de transición en la infancia y les dan seguridad, ya que les recuerda el calor y el amor de mamá. Por eso, normalmente, escogen los de textura suave y esponjosa y suelen tener un olor característico de nuestra casa.

No es malo que los tengan, al contrario, estos objetos mejoran sus capacidades sociales y de comunicación, así que si tu pequeño tiene uno no trates de quitárselo. Lo que sí te recomiendo **De mamá a mamá** es que si un día lo olvida en casa no regreses por él, aunque sufra unas horas tu hijo sabrá que no necesita de este objeto para divertirse, dormir o socializar, hecho que también aprenderá de una forma natural con el tiempo.

Niños golpeadores

¿Te has fijado que hay ciertos niños entre uno y dos años que se caracterizan por ser golpeadores? Creo que todos conocemos uno y lo tachamos de mal educado y agresivo y, por lo mismo, evitamos estar cercar de él. Lo que muchas veces no nos detenemos a pensar es que cuando un pequeño está en la etapa en la que no sabe hablar o tiene muy poco vocabulario siente la necesidad de hacer valer sus derechos, como es defender un juguete o un caramelo, como puede, y una manera es pegando a los demás para marcar su territorio.

¡Claro que a ninguna mamá nos gusta que otro niño le pegue al nuestro!, pero tampoco nos agrada que ellos lo hagan. Lo que sí te digo es que es un error querer corregirlos con una nalgada o un manazo porque estamos castigando la agresividad con agresividad y les damos un mensaje contradictorio.

Lo mejor es hacerles entender que hacen mal con frases sencillas y estimular sus buenas acciones, diferenciándolas de las malas. Es importante decirles con voz firme **No** mostrando desaprobación a su acción, nunca hay que permitir que nos peguen ni aunque lo hagan jugando y tampoco es conveniente disculpar su mala acción diciendo que lo hacen porque están cansados o tienen hambre. Más vale un **No** a tiempo que veinte lamentaciones después.

Niños llorones

Así como vemos niños que son golpeadores, también es frecuente ver niños que sin causa justificada lloran con mucha facilidad. Son pequeños que comúnmente llamamos "llorones".

Hoy sabemos que son niños hipersensibles, ya que se impresionan cuando hablamos en voz alta, sufren ante cualquier cambio en la rutina diaria y se entristecen exageradamente cuando les llamamos la atención o se sienten avergonzados. Estos pequeños no saben canalizar sus frustraciones y por esta razón recurren al llanto con tanta frecuencia. Como mamás tenemos que ayudarlos a ser menos sensibles, pero no hay que ahorrarles las frustraciones típicas de su edad porque los ayudan a crecer. Aunque lloren, hay que ser firmes en nuestras decisiones y demostrarles comprensión y cariño.

Manejando el enojo

El enojo es un sentimiento normal, incluso en los bebés, y no es malo demostrarlo, pero sí es importante saber cómo lo hacemos.

Como mamás tenemos la responsabilidad de enseñarles a nuestros hijos a canalizar esa expresión de una forma saludable, ya que si desde pequeños no lo aprenden, de grandes serán adultos que no sabrán contenerse ante el enfado y las crisis. ¿O no te has fijado que muchos niños cuando se enojan tiran objetos, insultan y golpean porque no pueden sacar esa emoción que inunda su pecho de otra manera?

Las reacciones de nuestros hijos son, normalmente, un reflejo de nosotros mismos, así que mucho ojo de cómo reaccionemos cuando alguien se nos cierra en el coche, cuando discutimos con la pareja o cuando no nos atienden en un restaurante. Si como padres gritamos, insultamos o lanzamos objetos para sacar nuestro enojo ellos tomarán como ejemplo esta conducta.

Es importante que los pequeños aprendan a demostrar su enojo sin perder el control, ya que éste no aclara, no resuelve y no cambia las situaciones. Enseña a tu hijo, desde pequeñito, a pensar y a calmarse antes de reaccionar, esto hará la diferencia en sus futuras relaciones.

Chuparse el dedo

No me dejarás mentir, ver a un bebé chuparse el dedo nos provoca ternura, pero como mamás nos preocupamos por no saber cuándo y cómo dejará de hacerlo.

Cuando son pequeños, chuparse el dedo pulgar los ayuda a sentirse seguros y contentos, también los relaja, ya que succionarles induce el sueño. Lo malo es que para muchos niños dejar de chuparse el dedo les es difícil porque lo hacen inconscientemente y su tranquilidad depende de su pulgar.

Por recomendación del dentista te digo que deben dejar de hacerlo a más tardar a los dos años porque, si no, sus dientes permanentes pagarán las consecuencias, ya que chuparse el dedo afecta el crecimiento correcto y alineación de los mismos.

No más chupón

Que los niños dejen de usar el chupón es algo similar a dejar de chuparse el dedo, aunque más fácil, ya que el chupón lo podemos tirar y su dedo no. *De mamá a mamá* te digo que la mejor forma de que lo dejen es desaparecerlo un día para siempre. Seguro, tu pequeño llorará y tendrá problemas para conciliar el sueño una semana, pero logrará quitarse la dependencia. Tienes que ser firme por que si mentalmente no te preparas a verlo sufrir por el chupón te va a ganar el sentimiento y se lo vas a regresar y será cuento de nunca acabar. Así que ¡firme en tus decisiones! La verdad es que no les pasa nada, al contrario, es algo bueno que forma parte de su crecimiento.

Adiós al pañal

Hay muchas dudas sobre cuándo es la edad ideal para que los niños dejen el pañal, y como mamá te digo que cada niño tiene su tiempo y lo mejor es no presionarlos, ya que este proceso se va a dar antes o después de lo que pensemos, pero créeme, se va a dar.

Muchos especialistas recomiendan que empecemos a enseñarles a ir al baño a los dos años. *De mamá a mamá* te digo que si los niños no están preparados para hacerlo, aunque tengan la edad recomendada, lo único que se logra es que el proceso sea más lento y que el pequeño se sienta presionado y, por lo tanto, se niegue.

Hay niños que aprenden a ir al baño hasta los tres años y ¿sabes qué? ¡No pasa nada! También es importante que sepas que aunque empieces a enseñarle a temprana edad, no necesariamente lo va a dejar pronto y quizá el proceso se alargue.

Como te he platicado en otras ocasiones, para que nuestros hijos logren superar los retos que la vida les exige para crecer necesitan cierta madurez y desarrollo, y no todos lo alcanzan a la misma edad.

Lo mejor es que observes a tu hijo y entiendas las señales de su cuerpo, ellas te indicarán si ya está preparado o no. A continuación te menciono algunas que te ayudarán a saber si tu hijo tiene ya la madurez para dejar el pañal:

1. Tener algo de lenguaje para poder expresarse y decirnos: "Mamá pipi" o "mamá popo".
2. Quedarse quieto o sentado de cuatro a cinco minutos seguidos.
3. Tener control de su cuerpo, especialmente de la cintura para abajo. Un buen ejercicio es que lo pongas a brincar con los dos pies juntos, si no lo logra, todavía no está listo.
4. Que pueda subirse y bajarse tanto los pantalones como la ropa interior solo.
5. Que logre mantenerse seco por lapsos más largos y que cuando se ensucie muestre molestia.

Si tu pequeño logra superar los retos que te acabo de mencionar, inténtalo y procura que el proceso de dejar el pañal sea un momento agradable y no de castigo o humillación.

De mamá a mamá te recomiendo ponerle sólo ropa interior, preferiblemente de algodón, y evitar el desechable para que sepa que si se ensucia se va a sentir incómodo y, sobre todo, para formarle un hábito, mismo que se forma en 21 días interrumpidos. Si fallas uno tienes que volver a empezar desde el primero.

Tienes que ser muy paciente, seguramente le sucederán "accidentes" porque apenas está aprendiendo y lo peor que podemos hacer es regañarlo o decirle que es un niño sucio.

Lo mejor es reforzar y premiar su esfuerzo con palabras como: "Eres un campeón" o también le puedes poner una enorme estrella dorada en su frente cuando logre llegar al baño. Te aseguro que con estos refuerzos los pequeños se sienten importantes y el proceso se hace más fácil para ambos.

Por otro lado, aunque te pueda parecer raro, tienes que tomar en cuenta que a muchos niños les da miedo ir al baño, y es porque no entienden muchos conceptos y dejar algo que estaba dentro de ellos les asusta. De igual manera, recordemos que debido a su tamaño los pequeños ven los objetos más grandes que nosotros los adultos y sentarlos en un "enorme escusado" que succiona y hace un fuerte ruido cuando jalamos una palanca puede estresarlos. Por eso explícale, de una forma sencilla, todas sus dudas y no lo tortures dejándolo sentado en el escusado o "nica" por horas hasta que haga del baño, porque lejos de ayudarlo lo presionas.

Como mamá sé que cuando nuestros hijos empiezan el proceso de control de esfínteres es cansado para nosotras, pero te aseguro que con paciencia, constancia y amor podrás apoyarlo a superar esta etapa de crecimiento. También es más fácil que dejen el pañal cuando es temporada de calor, ya que con el frío este proceso les resulta más difícil.

La edad del "mío"

¿Sabías que los bebés son egocéntricos por naturaleza? Y es que ven el mundo bajo una perspectiva personal y no pueden ponerse en el lugar de otros porque su control de impulsos cerebrales aún no completa su desarrollo. Es por eso que durante sus primeros tres años les cuesta mucho trabajo prestar sus juguetes porque, además, como no tienen todavía noción del tiempo, no saben cuándo los tendrán de vuelta.

A los tres años se le conoce como "la edad del mío" porque creen que todo es de ellos y lo defienden a capa y espada y más, si el objeto les llama la atención por su color y su sonido.

A las mamás no nos es fácil entender su sentir, sin embargo debemos respetarlos. Te lo digo porque es muy común que los obliguemos a prestar sus juguetes al primo, hermano o vecino, hecho que los altera y les provoca llanto, enojo y rabietas. Además, no sirve de nada porque, al obligarlos a prestar sus juguetes se pierden de la experiencia gratificante que resulta hacerlo.

Prestar y compartir debe ser resultado de una negociación libre que da beneficios, en este caso en el juego y la diversión.

El sentido de pertenencia en los bebés es muy grande por eso debemos enseñarles, poco a poco, a desarrollar esa capacidad que va a ir mejorando con los años y con la convivencia con otros niños cuando entran a preescolar.

Si tu bebé se encuentra en esta edad tienes que tener paciencia. Saber compartir es un proceso largo que requiere de un aprendizaje y, no es fácil hacerlo, si no tenemos el ejemplo. Por eso, desde que los niños nacen, debemos dárselo abrazándolos, besándolos y mimándolos. De esta forma ellos nos corresponden y empiezan a aprender que dar tiene mucho que ver con recibir.

Si tu pequeño está en la "edad del mío" ***De mamá a mamá*** te recomiendo que:

1. Respetes sus juguetes y no lo obligues a prestarlos.
2. Dile que el juguete es suyo pero también de los demás.
3. Enséñale a no coger los juguetes de otros a la fuerza. Eso le ayudará a ponerse en el lugar de los demás.
4. Habla con él sobre lo positivo que es compartir y la ganancia que se obtiene al jugar con otros niños.

5. No lo taches de envidioso. Recuerda que todo proceso y aprendizaje llevan su tiempo.

Como mamá entiendo que no debemos dejarlos actuar de forma egoísta, sin embargo tampoco es conveniente presionarlos. Los pequeñitos sí llegan a entender los conceptos, pero les es muy difícil actuar bajo nuestros razonamientos porque les gana el impulso.

No obligues a tu hijo a dar lo que no quiere prestar porque todavía no está preparado para hacerlo.

Lenguaje y aprendizaje

Ecolalia

Es frecuente escuchar a algunos pequeños repetir lo que decimos de una forma que parece burlona y a su vez divertida, por lo menos para ellos. Y es que hay una edad en donde nuestros hijos pequeños se la pasan arremedando a los demás, pero hay que ser muy observadoras porque no siempre es un juego.

Si lo hacen de una forma persistente después de los dos años y medio puede ser que tengan una perturbación en su lenguaje que los hace repetir, de forma involuntaria, una palabra o una frase escuchada. A esta perturbación se le llama ecolalia. El niño repite, por lo regular, de manera inmediata después de que se le ha dicho algo a manera de eco, la repetición es exactamente igual a como se dijo, incluyendo el tono de voz usado. Si esto le sucede a tu hijo es conveniente que te acerques con algún especialista en lenguaje para que le detecte el problema.

Tartamudez

La tartamudez se define como las interrupciones en el habla, como bloqueo, repeticiones y prolongaciones de sonidos, sílabas o palabras.

Este problema suele comenzar cuando el niño está adquiriendo el lenguaje entre los dos y cuatro años. Sin embargo, a esa edad no se considera un trastorno importante porque, en su mayoría, los síntomas desaparecen.

La tartamudez se da más en los niños varones y suele encontrarse en varios miembros de la familia. De acuerdo a los especialistas, el problema se agrava cuando el niño se da cuenta si es o no tartamudo, es por eso que las repeticiones de sílabas se hacen más frecuentes e, incluso, hay un aumento de movimientos faciales. Como mamás es importante no avergonzarlo, es mejor llevarlo con un especialista para que lo ayuden a superar el problema.

Garabatos

Sabías que los dibujos de tus hijos demuestran su sentir, ya que es una forma fácil de expresar sus pensamientos, miedos y alegrías. A los dos años de edad ellos empiezan a hacer sus primeros garabatos. Por eso *De mamá a mamá* te voy a dar ciertos tips que aprendí en mi programa de radio cuando invité a Óscar Hernández Lara, grafólogo para que analices sus trazos: Si el dibujo de tu hijo está en la parte baja de la hoja y del lado izquierdo quiere decir que quiere seguir siendo niño y teme crecer. En cambio, si está en la parte superior derecha es que quiere autonomía e independencia. Los trazos muy marcados significan nerviosismo, los que son tenues o débiles significan cierta inseguridad y los firmes confianza. Los dibujos grandes demuestran que tu hijo es extrovertido y los pequeños que es algo tímido, ¡analízalos y descubre su sentir!

Cuentos

No es necesario esperar a que nuestros hijos sepan leer para poderlos acercar a la lectura, y lo bueno es que hay libros para todas las edades. Por eso es importante comprarlos de acuerdo a sus necesidades. Para los más pequeñitos podemos encontrar algunos que pueden morder o incluso meter a la regadera con ellos, ya que son de plástico, además los colores y las formas atractivas con las que están hechos les ayudan a crecer y a desarrollarse sanamente.

Ellos pueden conocer el mundo a través de los libros pues aprenden a identificar elementos y animales que nunca han visto como sería un tiburón o una nave especial. Y si le lees a tu hijo, una buena idea es que le pidas que le ponga el final que quiera, de esta forma lo llevas de tu mano al gran mundo de la imaginación. Te aseguro que ambos lo van a disfrutar y, probablemente, te sorprendas con sus historias.

Niños y televisión

¿Sabías que hay estudios que revelan que la televisión antes de los dos años no trae grandes beneficios en el desarrollo del lenguaje? Pasando esa edad, los pequeñitos muestran gran interés por los instrumentos musicales, por los colores y por los animales. Por eso, si como mamá le permites a tu hijo ver televisión, es importante que busques programas que vayan relacionados a esos elementos.

A los tres años, los niños ya son capaces de cantar canciones, reconocer algunos colores y además disfrutan bailar con los personajes de la tele. Hoy en día, hay canales que te ofrecen programas con esas características.

A los cuatro años puedes ponerle a tu hijo programas descriptivos donde aprenda términos como "lejos y cerca" o "arriba y abajo".

Y, a los cinco, es bueno que analicemos con ellos a los personajes de los programas, destacando los valores positivos y negativos de cada uno. Pídele que te diga con cuál de ellos se identifica y por qué. Es un ejercicio saludable, divertido y que te ayudará a conocer los pensamientos y emociones de tu pequeño.

Lazos entre hermanos

Mi nuevo hermanito

¿Qué pensarías si tu esposo hoy te dijera que la cocina que tienes, la recámara, tu maquillaje y el amor de él lo vas a compartir en nueve meses con otra mujer? Creo que entrarías en *shock* y sentirías enojo, tristeza e impotencia. Los niños, cuando saben que van a tener un hermanito, sienten algo parecido. Por eso hay que ponernos en sus zapatos para poder entenderlos. ***De mamá a mamá*** te recomiendo que seas dulce al darle la noticia y que lo involucres en los preparativos. Pídele que te ayude a escoger las cosas que necesitas para el bebé, acércalo a tu vientre para que sienta los movimientos y pasa momentos a solas con él para que no se sienta desplazado.

Cuando nazca su hermanito es importante que sienta que también él existe. Te lo digo porque, frecuentemente, los familiares y amigos, como es la costumbre, le llevan regalos a tu nuevo hijo y se olvidan del otro. Así, que si es posible, pídeles a los de confianza que, de igual manera, le obsequien algún chocolate o golosina. Trata en lo posible de no cambiar las rutina con tu hijo mayor como suspender la clase de natación o la salida de los viernes para ir por un helado porque, si lo haces, sin querer estarás pasando a segundo plano las necesidades de tu primogénito.

Te cuento mi experiencia, pensando es esto, yo siempre les compré un pequeño obsequio, algo significativo a mis otros hijos y les dije que su nuevo hermanito se los regalaba. Esta acción fue con el propósito de que no se sintieran aislados de la familia. Un nuevo bebé siempre es motivo de alegría, así que comparte esta gran felicidad con toda tu familia, entendiendo sus emociones.

Peleas entre hermanos

Las peleas entre hermanos son un gran tema, y todos los que tenemos hermanos las hemos vivido. Por eso se puede decir que son muy comunes y se llegan a generar por diferentes causas como la diferencia de edad o de personalidad.

Las mamás, muchas veces, no sabemos cómo reaccionar y como en su mayoría no las presenciamos, no sabemos quién empezó el pleito y terminamos castigando a todos, siendo en ocasiones injustas. Lo que te puedo decir es que mientras estas peleas no se conviertan en algo cotidiano se pueden ver como normales, ya que es una característica de la infancia. Además, podemos encontrarles el lado positivo, uno de ellos sería que los pequeños pueden llegar a manejar su rivalidad y, aparte, aprenden a negociar, resolviendo así sus diferencias.

Como padres no podemos evitarlas, pero sí podemos aminorarlas y guiarlos para que estas discusiones no acaben en golpes, porque si esto sucede, tenemos que intervenir y hacerles ver que la violencia no es una buena manera de resolver problemas. Enseñemos a nuestros hijos a quererse y a respetarse para que, desde pequeños, aunque tengan diferencias, sepan valorar esa gran relación que es la hermandad.

Evitemos la comparación, el favoritismo y la falta de atención hacía los hijos, porque estas situaciones sólo aumentan la rivalidad entre ellos.

Hijos por orden de nacimiento

No cabe duda que las mamás queremos a todos nuestros hijos con la misma fuerza e intensidad, pero también es una realidad que nos podemos identificar más con uno que con otro, por ende, los educamos y cuidamos de diferente manera. Y es que está comprobado que el orden en el que nacen repercute en la forma de cómo los padres los tratamos y, por lo mismo, de cómo ellos se comportan y perciben el mundo que los rodea.

Y para tocar este tema tan interesante voy a empezar hablándote de los hijos únicos, quienes tienen fama de ser sumamente caprichosos e, inclusive, déspotas por estar muy consentidos. Pero no te dejes engañar porque no es del todo cierto. Estos pequeños llegan a tener alguna semejanza en comportamiento con los hijos mayores, ya que reciben mucha atención por parte de nosotras, lo que los obliga a exigirse a sí mismos a cumplir con nuestros deseos para no decepcionarnos, gran carga para ellos ¿no crees?

Los hijos únicos prefieren hacer el trabajo ellos mismos en lugar de delegarlo, suelen alcanzar sus metas y son buenos estudiantes. También los niños, cuyos hermanos tienen una diferencia de edad de más de seis años, llegan a tener las mismas características de hijos únicos, ya que son criados y vistos casi de la misma forma.

Hablar del primer hijo o primogénito es hablar del niño "ejemplo" pues, normalmente, tiene nuestra carga emocional, ya que todo el tiempo le estamos diciendo que por ser el mayor es el modelo a seguir por sus hermanos. Los padres solemos depositar nuestras expectativas sobre ellos y también algunas de nuestras responsabilidades cuando les decimos: *Cuida a tu hermanito mientras me baño o cocino*, por ponerte un ejemplo. Hay estudios que afirman que suelen ser niños con muchas capacidades e inteligencia por la forma en la que les exigimos y educamos. Suelen ser extrovertidos, seguros, autoritarios, dominantes, disciplinados, preocupados a perder su posición y un tanto defensivos a la hora de reconocer sus errores y equivocaciones.

Los hijos de en medio, también llamados "sándwich" no tienen la presión ni la exigencia que las mamás, normalmente, ejercemos con el hijo mayor, por eso suelen ser más relajados frente a la vida. Y aunque esto puede ser cómodo para ellos, si nos los vemos de forma individual, pueden sentir cierta angustia al creerse ignorados y necesitar más atención.

Los hijos "sándwich" llegan a tener conductas rebeldes para sobresalir, por eso las mamás tenemos que ser muy observadoras con ellos porque, por lo común, son niños que no encuentran su lugar en la familia. Muchas veces reciben las herencias, todo lo que al mayor ya no le queda se lo damos a él, ¡qué injusticia! ¡Casi nunca estrenan ropa ni juguetes! Ellos también llegan a adquirir algunas fortalezas para subsistir y suelen ser adaptables.

En la edad adulta, normalmente, los hijos "sándwich" se convierten en buenos negociadores y pacificadores, son diplomáticos y llegan a ser más cercanos a las amistades que a la familia.

Si tienes un hijo "sándwich" no te canses de escucharlo y de decirle cuánto lo amas y lo orgullosa que estás de ser su mamá.

Los hijos menores son los ¡bebés eternos!, esto hace que tengan su parte agradable por el hecho de ser protegidos no sólo por los padres, sino también por los hermanos mayores, aunque tienen la desventaja de difícilmente ser vistos y tomados en cuenta como adultos. Entre sus características principales te puedo decir que son pequeños creativos, flexibles, empáticos, preocupados por la igualdad y la justicia. Tienen tolerancia al riesgo y poco interés en la educación académica y les encanta viajar.

Lo que te quiero compartir es que, aunque la forma de educar a un hijo de otro sí es diferentes por el orden en el que nacen, la personalidad e, incluso, el género al que pertenecen, es importante que los veas y trates a cada uno de ellos como seres individuales que necesitan ser escuchados siempre y amados con gran intensidad. Por eso, date permiso de disfrutar cada momento con ellos, abrázalos, bésalos y diles lo afortunada que eres por poder escuchar en sus labios todos los días la palabra **"MAMÁ"**.

Ser madre ha sido experimentar en carne propia el milagro de la vida. No he vivido experiencia más hermosa e intensa que haber dado a luz a mis dos pequeños hijos, ellos son el amor más grande que he tenido. La maravillosa aventura de la maternidad nunca termina, lo soñé desde niña y hoy sé que es una enorme responsabilidad pero también el más grande honor que me ha dado la vida.
Flor Rubio, conductora.

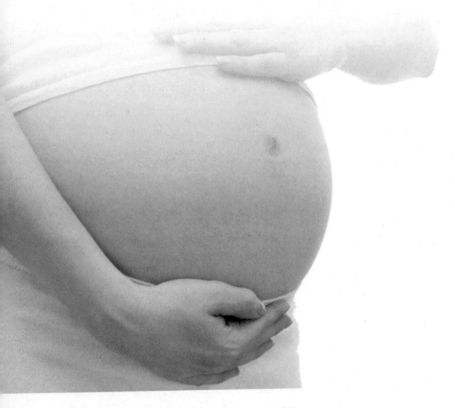

"Un hijo se lleva nueve meses en el vientre...
tres años en los brazos y...
toda la vida en el corazón"

SEGUNDA PARTE
NIÑOS DE 3 A 7 AÑOS DE EDAD

Caminito a la escuela

Abrazando el primer día de clases

¿Sabías que el primer día de clases para nuestros pequeños es tan importante como el último? Seguro tú no te acuerdes de ese día especial para ti pero, si te pregunto sobre el primer día en tu trabajo, quizás lo recuerdes como un día de nervios, incertidumbre y, por qué no decirlo, un poco de miedo. Exactamente eso es lo que sienten los niños cuando llegan a la escuela, un lugar desconocido donde van a permanecer unas horas, para ellos una eternidad, con personas extrañas sin la protección de papá y mamá.

Tony Gallardo, directora de preescolar, me dijo que asistir al colegio por primera vez es uno de los momentos más difíciles de la infancia porque, para los chiquitos, significa estar separados de su ambiente familiar. Algunos sienten un malestar especial que demuestran con llanto, descontrol de esfínteres y problemas gastrointestinales.

Ese estrés muchas veces se lo transmitimos sin querer a nuestros hijos, ya que desde unos días antes de que empiecen las clases es común que los padres nos presionemos forrando libros, trazando márgenes, marcando lápices y comprando uniformes.

Cuando es la primera vez que nuestro hijo asiste a la escuela, lo agobiamos preguntándole si está contento porque ya va a ser *"niño grande"*. Y no sólo eso, también le pedimos que se lo diga a la abuelita, tías y amigas. ¡No lo hagas!, no llenes a tu pequeño con preguntas y consejos que en lugar de tranquilizarlo lo ponen nervioso. Por eso, para hacer este momento más fácil **De mamá a mamá** hay algunas recomendaciones que te quiero compartir:

1. Lleva a tu hijo a la escuela unos días antes de que comiencen las clases y, si es posible, preséntale a la maestra para que se vaya familiarizando con ella.
2. Pregunta en el colegio si los niños pueden llevar algún juguete o peluche. Normalmente lo permiten, es muy bueno porque así se sienten acompañados.
3. Lleva a tu hijo a comprar su uniforme (en caso de usarlo) y permítele escoger su mochila y lonchera.
4. No hagas malos comentarios sobre la escuela o la maestra que le tocó, tu hijo puede sentir miedo y desconfianza.
5. Si es posible, ambos, papá y mamá, llévenlo al colegio y váyanse rápidamente, no se queden encargándolo con la maestra.

Recuerda que el llanto es contagioso y seguramente muchos niños estarán llorando, si tu hijo los ve a ustedes, aprovechará para pedirles que lo lleven de vuelta a casa. Si llora, no te preocupes, créeme, es pasajero. Eso sí, tienen que mantenerse firmes y llevarlo todos los días siguientes al colegio. Si no lo hacen, tardará más tiempo en superar esta etapa de su vida.

Es normal que ustedes se sientan tristes, los padres, igual que ellos, vivimos esa separación Yo no recuerdo mi primer día de clases, pero sí el de mi hijo Juan Pablo. Se abrazaba del respaldo del coche llorando porque no quería separarse de mí. Es horrible esa sensación de angustia y culpabilidad por dejarlos con miedo, llorando y gritando. Duele, pero siendo objetivos, no es tan grave. Hay que saber manejar muchas situaciones como padres y tener muy claro que ir al colegio no es una situación problemática. Al contrario, es una gran oportunidad para que ellos crezcan, interactúen y aprendan.

Disfruta de estos maravillosos momentos que a veces nos causan angustia, te aseguro que después de un tiempo se convierten en bellos recuerdos, así que... ¡abrázalo muy fuerte y déjalo ir!

Lunch escolar

Como mamá sé lo difícil que es que nuestro hijo desayune bien antes de ir al colegio. Con las prisas de la mañana muchas veces dejan todo, situación que nos preocupa porque necesita alimentarse correctamente. El desayuno es el primer y principal alimento del día, gracias a él podemos rendir sin sentir cansancio porque nos da energía. Por eso, nunca lo mandes sin desayunar, es importante crearles el buen hábito de no salir de la casa sin alimento.

Los cereales, la fruta y los lácteos, entre otros, son una buena opción porque son ligeros y suelen gustarles mucho. *De mamá a mamá* te recomiendo que planees tus menús semanales con alimentos que ellos disfruten y que no sean pesados para que no se sientan incómodos en el colegio.

También hay que preocuparnos por hacerles un lunch rico, nutritivo y variado para que no se aburran de él y lo desperdicien. Seguramente sabes que la comida chatarra sólo los engorda y no los nutre. Por eso, es más saludable enviarles verduras o frutas como zanahorias, pepinos, jícamas, trozos de manzana con limón o uvas partidas a lo largo, para evitar que se atraganten.

De mamá a mamá también te recomiendo que le mandes a tu pequeño agua de fruta natural en lugar de jugos con conservadores o refrescos. Pon el lunch en recipientes divertidos y, sobre todo, seguros para que no se derramen. Evita frutas como el plátano porque con el sol se descompone rápidamente y su aspecto es muy desagradable.

Trabajos manuales

Crear, transformar, convertir ciertos materiales como la plastilina o las pinturas en obras de arte hace sentir a nuestros hijos capaces de lograr lo que quieran porque lo hacen solitos. La reacción que tengamos los padres ante el resultado final de su creación y de su esfuerzo, estimula su autoestima, así que nunca le critiques su obra porque lo puedes lastimar.

Con los trabajos manuales los niños expresan sus emociones. Por eso, *De mamá a mamá* te recomiendo tener en casa algunos materiales en frascos para que tu hijo los utilice según su imaginación. Puedes guardar sopa de pasta o arroz para pintar, cereal, diamantina, lentejuela, pegamento, cortes de tela y cordones. Con esta disciplina los niños desarrollan más la paciencia, la movilidad y destreza en sus manos, así que ¡manos a la obra!

Plastilina

¿Cómo olvidar nuestros juegos de la infancia cuando íbamos al preescolar? Creo que todas jugamos alguna vez con plastilina y hacíamos obras de arte combinando sus diferentes colores.

La plastilina, que todos conocemos, ayuda a los procesos de aprendizaje de los pequeños, ya que pueden jugar con ella sin temor a dañarla lo que les permite sentirse seguros, con libertad y confianza al manipularla. También se arriesgan porque saben que pueden volver a moldearla las veces que quieran y echar a volar su imaginación. Además, logran buenos niveles de concentración y quita el estrés.

La plastilina casera es recomendable en edad preescolar porque es más blanda que la comercial, si puedes prepárala en casa, sólo necesitas:

2 tazas de harina de trigo
1 taza de sal
1 y 1/2 cucharada de aceite vegetal
1 cucharada de Maicena disuelta en 2 cucharadas de agua fría
2 tazas de agua caliente
Colorante alimentario de colores

Procedimiento:

Mezcla todos los ingredientes en una olla a fuego lento, revuelve continuamente con una cuchara de madera durante 4 ó 5 minutos. Retírala del fuego y déjala enfriar. Amasa y divide en bolas, ahuécalas con tu dedo y agrégale unas gotitas a cada una de diferentes colorantes y vuele a amasar hasta que el color quede homogéneo.

Si con el tiempo se endurece tu plastilina casera, ponle un poco de aceite para reutilizarla, además no es tóxica.

Tareas

¿No te has fijado que en ocasiones queremos que nuestros hijos actúen como adultos responsables y que cumplan sin remilgos con sus obligaciones escolares? Tomemos en cuenta que no todos los niños son iguales, a algunos les cuesta más trabajo que a otros dedicarse a hacer tareas y no distraerse en el momento. Recuerda tu propia infancia. Por eso te digo que es importante ayudarlos, ¿cómo? Poniéndoles horarios de trabajo y evitándoles distractores como la televisión.

Como mamás podemos apoyar a nuestros hijos en sus tareas, pero nunca debemos facilitarles las respuestas o, peor aún, hacerla nosotras para que quede "más bonita", ya que de esta forma estaríamos minimizando su capacidad y estimulándoles la flojera.

La paciencia es una buena fórmula que ayuda a las mamás a no regañarlos y a ellos a no sentirse presionados, ya que al perderla solemos fracturar nuestra relación con ellos o, peor aún, dañar su autoestima al decirles que son unos flojos o unos irresponsables, por ponerte un ejemplo. Y es que a las palabras no se las lleva el viento, al contrario, quedan grabadas en la memoria y en el corazón. Así que *De mamá a mamá* te recomiendo que no descalifiques nunca a tu hijo, mejor apóyalo y aplaude sus aciertos.

Somos humanos y, en ocasiones, reaccionamos de mala manera porque, posiblemente, tuvimos un mal día. Muchas veces nos arrepentimos de lo que decimos o hacemos pero no hay vuelta de hoja, así que tómalo con calma y, como te dije hace un momento, mucha paciencia porque cada niño tiene un ritmo de trabajo diferente.

Endulzando el oído con Mozart

¿Sabías que es muy importante que nuestros hijos escuchen música? A diferencia de otros compositores algunas de sus piezas tienen beneficios especiales y propiedades distintivas porque los sonidos de sus melodías son puros, precisos y altamente armónicos.

El tono, el timbre y las frecuencias de la música de Mozart estimulan el cerebro humano, ya que activan las neuronas y cambian el estado del cerebro, especialmente aquellas zonas relacionadas con el hemisferio derecho, donde radican las funciones espacio—temporales haciéndolo más receptivo.

Nota: No toda la música de Mozart produce estos efectos, pero sí la que posee frecuencia alta como la Sonata para dos pianos en Re mayor o los conciertos para violín 3 y 4.

Dibujos, travesuras y emociones

Dibujando emociones

Si cierras los ojos por un instante y recuerdas parte de tu infancia, posiblemente te venga a la mente aquel salón de clases con grandes y coloridas figuras pintadas en la pared. Era un momento mágico donde podíamos echar a volar nuestra imaginación y soñar que éramos parte de ese cuento. Muchos pequeños hoy están viviendo ese bello momento donde el juego, los colores y la imaginación ocupan gran parte de su interés.

Acuérdate cuando ibas al pediatra, ¿a poco no te asustaba verlo pasar con su bata blanca y estetoscopio colgado en el cuello? La mayoría sí nos asustábamos, pero nos relajábamos cuando entrábamos en su consultorio y veíamos los dibujos en la pared de elefantes, hipopótamos y leones pintados de una forma simpática y colorida.

Los dibujos y los colores son para nuestros hijos una forma de aprender y manejar sus emociones y, si son hechos por ellos, también son una manera de comunicación y, para las mamás, significan una gran oportunidad de conocer qué es lo que están sintiendo y cómo están percibiendo el mundo que los rodea. ¡No desaprovechemos esos momentos!

No tienes que preocuparte por enseñarles a dibujar a tus hijos, es algo que hacen espontáneamente, sólo hay que fomentárselos. Al principio nada más dibujan rayas y garabatos pero, conforme van creciendo, comienzan a relacionar sus trazos con el movimiento del lápiz y lo empiezan a controlar. El desarrollo les ayuda también a darle un significado relacionando sus dibujos con objetos y seres vivos.

Para que te des una idea, es entre los tres y cuatro años cuando los niños empiezan a hacer dibujos más detallados. Ya pueden pintar el cuerpo humano porque, a esta edad, reconocen las partes de la cara como son los ojos, la boca, la nariz y las orejas, así como los brazos, los pies y las piernas. También comienzan a decirnos cuáles son sus colores favoritos, sólo hay que ponerles atención.

Lo mejor que puedes hacer es apoyar a tu hijo dándole un lugar dónde pueda dibujar, así como papel, lápiz, crayones o colores. No te recomiendo mucho los plumones pero, si se los compras, es importante que sean lavables porque cuando nuestros pequeñitos están inspirados pueden plasmar sus obras de arte en cualquier parte de la casa, te lo digo por experiencia propia, Montserrat, mi hija, pintó hermosamente mis muebles de madera (ya lo superé).

Cuando tu hijo dibuje aprovecha y averigua que está pensando y sintiendo. En la grafología, como te comenté anteriormente (primera parte, capítulo 12), hay mensajes ocultos que las mamás podemos interpretar. Ahora te comparto información de los dibujos más detallados que, seguramente, hace tu hijo si ya está en el preescolar, así que mucho ¡ojo! Hay elementos que representan a la familia: La casa es la mamá y el árbol es el papá. Intenta hacer un sencillo ejercicio con tu hijo, va a ser divertido y muy constructivo. Dile que se dibuje con estos elementos y verás qué tan lejos o grande te ve. Es importante que sepas que la figura que haga del lado derecho de la hoja es la que ve como máxima autoridad, así que ¡cuidado! si se dibuja de ese lado. Los dibujos hechos con sombras muestran tristeza, por eso siempre dile a tu hijo que te diga qué significa lo que dibujó y por qué lo hizo.

Los niños muchas veces no saben cómo expresar lo que sienten y una buena forma que encuentran es a través del arte. Las mamás sólo necesitamos saberlo para poder entenderlos y ayudarlos a manejar sus emociones y preocupaciones... ¡Tarea nada fácil!, pero sí necesaria para que crezcan con seguridad, sin miedos y una alta autoestima.

Cuando los niños dibujan desarrollan más la paciencia, la movilidad y la destreza de sus manos.

Pintar muebles

Como ya te comenté anteriormente, los niños tienen muchas inquietudes y quieren expresarlas de diferentes maneras, y pintar, rayar y dibujar les encanta por lo divertido que es.

Si los niños tienen papel y colores pueden hacer obras de arte, lo malo es cuando quieren mostrar su creatividad en los muebles, paredes y cortinas de la casa con plumones indelebles, como te platiqué lo hizo alguna vez mi hija Montse.

De mamá a mamá te recomiendo comprar plumones lavables, están hechos especialmente para que lo que se dibuje y se escriba se pueda limpiar y borrar con facilidad (además, no son tóxicos), porque cuando suceden estos "accidentes" los adultos solemos reaccionar con mucho enojo y los regañamos. Hay que enseñarles a nuestros pequeños donde se puede pintar y donde no, tomar esta precaución nos evita un disgusto y a ellos un mal momento que muchas veces hacen sin medir las consecuencias.

¡Los colores y el juego!

Como todos sabemos a los niños les resulta irresistible estar cerca de los juguetes, son parte de su crecimiento y adaptación con los objetos que los rodean. Por lo tanto, es responsabilidad de los padres proporcionarles los adecuados según su edad para evitar que se lastimen.

Por ejemplo, los niños más pequeños no pueden tener juguetes que contengan piezas chiquitas y desprendibles porque se las pueden llevar a la boca, así que ¡mucho ojo! Siempre checa las indicaciones del empaque.

Cuando elijas un juguete, escógelo de acuerdo a la personalidad de tu pequeño, te lo digo porque hay estudios que afirman que el color influye en la forma en la que tus hijos jugarán, aunque no es un hecho determinante. La recomendación es que los juguetes con tonos rojos sean para niños pasivos, ya que los aviva. Los amarillos para los distraídos, porque con este color logran concentrarse más. Y, los azules, para los inquietos porque este color los tranquiliza.

Así que antes de comprar un juguete toma en cuenta esta recomendación y recuerda que no siempre el más caro es el que le gustará a tu pequeño.

Muñecos de cuerpo humano

¿Sabías que a los cuatro años de edad tanto los niños como las niñas se ven atraídos por los muñecos de apariencia humana? No es una casualidad. Si te fijas, tanto las niñas como los niños suelen pedir este tipo de juguetes en lugar de animales o monstruos de peluche. Las niñas se inclinan por las muñecas tipo Barbie y por los bebés, a los que les cambian el pañal, alimentan, bañan y cuidan. Y los niños prefieren súper héroes y muñecos de acción.

A esta edad es común ver a los niños jugar con ellos imitando a papá, a mamá y a la maestra. Es un juego de identificación con su cuerpo y con su género y es importante porque así expresan sus emociones. Los muñecos con apariencia humana, además de ser su compañía en este periodo, también son un reflejo de sus vivencias que pueden ser buenas o malas, así que pon mucha atención a sus juegos.

Juegos de imitación ¡quiero ser como tú!

De mamá a mamá te invito a que observes a tu pequeño mientras juega sin decirle nada. Por ejemplo, los niños en edad preescolar suelen jugar a la maestra, a la mamá o al doctor. A estos juegos se les llama de imitación y nos dicen mucho de cómo ven los niños el mundo que los rodea y cómo nos ven a nosotras. Si tu niña juega a la mamá regañona y gritona, muy probablemente así te visualiza. En cambio, si utiliza palabras dulces y cariñosas para tratar a sus muñecas es de la manera que tú le estás transmitiendo el rol de la maternidad. Además, este juego es importante porque es una buena manera de darnos cuenta cómo la trata su maestra o sus compañeritos. Incluso si están sufriendo algún tipo de abuso lo van a demostrar por medio del juego. Así que observa a tu hijo.

Comerse las uñas

Es frecuente ver a un niño entre los cuatro y cinco años de edad comerse las uñas, normalmente lo hacen cuando están nerviosos, ansiosos o sienten inseguridad. Lo malo es que, al hacerlo, pueden llegar hasta la piel y hacerlos sangrar, provocándose infecciones en sus deditos.

Los especialistas afirman que la mayoría de las veces la acción de comerse las uñas desaparece con el tiempo y es mejor no regañarlos para no agravar el problema.

Comerse las uñas es sólo un síntoma. Como mamás es importantes saber la causa de su ansiedad para que ellos puedan vencer este impulso.

Hablar bien, para escribir bien...

Dislalia

Cuando los niños cumplen cinco años ya deben pronunciar correctamente todos los fonemas, aunque hay algunos que teniendo esa edad presentan ciertas dificultades para pronunciar algunos sonidos. Los especialistas definen a este defecto con el término dislalia.

Pero no te angusties si tu hijo no habla bien, esto no quiere decir que tenga algún problema físico o anatómico en la lengua o paladar, por lo general, suele ser algo más sencillo porque muchos pequeños no saben cómo colocar la lengua ni mover correctamente los órganos necesarios para emitir los sonidos que escucha. Por eso, en la actualidad muchos maestros canalizan a estos pequeñitos con terapeutas de lenguaje para que los ayuden con ejercicios a pronunciar el fonema que no pueden.

Por ejemplo, normalmente la letra R es la última que los niños pronuncian. Si tu hijo tiene ya cinco años de edad y todavía no logra decirla como es debido, es necesario que le ayuden, ya que entre más grande sea más trabajo le va a costar y, además, puede ser víctima de burlas en la escuela.

Aunque los niños vayan a terapia, las mamás tenemos que trabajar con ellos en casa y para eso me sé un truco buenísimo. Si te fijas con la letra "R" los niños deben vibrar la lengua y, lo que sucede, es que no entienden el concepto de vibración. Por eso *De mamá a mamá* te recomiendo que cuando practiques con tu hijo sus ejercicios le des algún juguete o aparato de masaje que vibre para que lo sienta al tratar de pronunciar las palabras que llevan esa letra. Esta sensación va ayudar a tu pequeño a sacarla más fácilmente, te lo digo por experiencia propia porque mi hijo Daniel tuvo dificultad con esta letra.

Con nuestra ayuda y comprensión los pequeños van a hablar mejor.

La maternidad es ver reflejado a Dios en nuestros hijos...
Ser mamá ya sea porque llegó la cigüeña o por adopción,
es hacer esas tareas a veces incansables que van modelando
al corazón de un niño sin esperar nada a cambio. Sin lugar
a dudas, vale la pena cualquier sacrificio por escuchar esa
palabra tan fácil de pronunciar que la mayoría de las mujeres
nos hemos ganado a pulso: MAMÁ
Matilde Obregón, periodista.

Trabalenguas

¡Qué divertidos son los trabalenguas para todos los niños pues son una forma amena de aprender y de reírse de sus errores y de los de sus compañeros! Dicen que los trabalenguas son para destrabar la lengua y, dicho de una forma fácil, es verdad. Este juego de frases en las que aparecen palabras repetidas difíciles de pronunciar es terapéutico porque ayuda a los pequeños a tener una pronunciación correcta.

El objetivo de los trabalenguas está en poder decirlos con claridad y rapidez, aumentando la velocidad sin dejar de pronunciar ninguna palabra y sin cometer errores.

Además, los niños estimulan la memoria y adquieren rapidez, fluidez y precisión a la hora de hablar. Hay trabalenguas con diferentes grados de dificultad dependiendo de la edad del pequeño. Enseñar a los hijos jugando y de una forma divertida provoca una conexión importante y amena entre padres e hijos, así que aprovechemos estos divertidos y educativos momentos con ellos.

Lecto-escritura A B C D...

Los niños pasan por diferentes etapas y es importante no saltarse ninguna porque su cerebro las va a guardar y, en algún momento de su desarrollo, las va a necesitar. Cuando los pequeños aprenden a hablar y a comunicarse obtienen una herramienta muy importante que los ayudará a manejar su individualidad por el resto de su vida.

La siguiente etapa es aprender a leer. En este momento los niños empiezan a reconocer los sonidos de las letras y aprenden que juntas forman palabras que tienen un significado, esto se debe a que el cerebro de nuestros hijos conforme va madurando va formando imágenes, conceptos e ideas.

Pero no todos los pequeños llegan a obtener este desarrollo al mismo tiempo, cada uno tiene su ritmo y hay que respetarlo. No nos dejemos llevar por el hecho de que otros niños leen antes que el nuestro. Las mamás tenemos que entender que no porque nuestro hijo no lo haga al ritmo de sus compañeros es menos inteligente. Así que no te presiones ni lo presiones porque, te aseguro, será peor.

Para que tengas una mejor idea de cuándo tu pequeño está preparado para entrar al maravilloso mundo de la lecto-escritura observa si ya puede relacionar símbolos y fíjate que pueda hablar de manera fluida y correcta. Es importante lo que te estoy comentando, ya que si pronuncia mal, escribirá también mal. Por último, revisa que tenga una buena coordinación ojo-mano. Es necesaria esta coordinación para que pueda agarrar bien el lápiz. Normalmente, a los seis años, los pequeños alcanzan este desarrollo y es el momento para que tanto las maestras cómo las mamás fomentemos en ellos la lecto-escritura.

Haz de la lecto-escritura una disciplina interesante: Cómprale a tu hijo libros con textos sencillos y grandes letras e ilustraciones. Hay algunos que se pueden meter al agua debido al material con que están hechos, les encantan porque pueden bañarse con ellos y, a la vez, obtienen un momento de placer, diversión y aprendizaje.

Regálale a tu hijo hermosos cuentos para que los lea preferiblemente en voz alta, ya que, al hacerlo desarrollará mayor habilidad y destreza a la hora de pronunciar las palabras. Suerte y felicidades, ¡tú pequeño está creciendo!

Zurdos

Antiguamente cuando una persona escribía con la mano izquierda se le consideraba como ¡diabólica! A los niños les amarraban su manita para obligarlos a utilizar sólo la derecha. Por fortuna, esta creencia ha ido cambiando con el paso de los años.

Actualmente, existen estudios que demuestran que los zurdos utilizan el hemisferio cerebral derecho, que es el encargado de definir la parte emocional e intuitiva de las personas, y los diestros emplean el lado izquierdo, que es el encargado de las funciones racionales, analíticas y lógicas.

Ser zurdo no es fácil ni para los niños ni para los adultos porque tienen el mundo ¡al revés! Es complicado encontrar artefactos o herramientas para ellos, y llegan a frustrarse ante tanta incomodidad al intentar usar unas simples tijeras que les piden en la escuela o al tener su pupitre al revés.

Nada más imagina las calamidades que tienen que pasar los zurdos al abrocharse los botones de la ropa, usar una computadora o tocar una guitarra. Todo es más difícil para ellos, aunque también, cabe mencionar, existen algunas tiendas donde ya se pueden encontrar objetos especiales para ellos.

Es importante que sepas que durante los primeros dos años de vida los niños utilizan indistintamente sus dos manos y es hasta los cinco cuando se sabe si serán zurdos o diestros.

Ser zurdo no es un defecto, así que no presionemos a nuestros hijos a ser diestros cuando no lo son.

Detectemos a tiempo...

Dislexia

Los niños con dislexia son los que tienen dificultad para el aprendizaje y la lecto-escritura, esto no quiere decir que tengan un nivel intelectual bajo.

En muchas ocasiones los niños disléxicos aprenden, por ejemplo, a escribir *papá* y, al poco tiempo, se les olvida, razón por la que las mamás nos desesperamos porque pensamos que no ponen atención.

Los pequeños con dislexia suelen tener problemas de ortografía y redacción, leen muy lento, confunden fonemas, les cuesta más trabajo hacer las tareas escolares y, por lo tanto, se frustran con facilidad. Además, no recuerdan las órdenes que les damos, entre otras cosas.

Los niños disléxicos sí son capaces de aprender a leer pero lo hacen de una manera distinta. Si tu hijo tiene dislexia es necesario darle estrategias y técnicas que le ayuden a comprender los textos que ha leído. Fíjate si tiene algunas de las manifestaciones que mencioné y, si su maestra te dice algo al respecto ¡hazle caso! Es importante que tenga una detección oportuna para que los especialistas lo ayuden a superar esta dificultad, ¡buena suerte!

Déficit de atención

De acuerdo al Diccionario de la Real Academia Española (DRAE), la palabra "déficit" significa "cantidad que falta para llegar a lo necesario". Así que podemos definir el déficit de atención como la incapacidad de una persona de poner atención o concentrase en sus tareas diarias como debe ser.

Hoy en día, existen muchos niños con este diagnóstico. Los síntomas relevantes que te puedo mencionar es que son pequeños que dan la impresión de no escuchar cuando se les habla directamente, presentan dificultad para organizar sus tareas y actividades, no siguen instrucciones y tampoco finalizan lo que empiezan. Un ejemplo claro es que los pequeños o adultos con déficit de atención que comienzan a armar un rompecabezas no lo terminan. También suelen extraviar objetos debido a que se distraen con facilidad con estímulos irrelevantes. El tratamiento es terapéutico, así que si tu pequeño tiene alguno de estos síntomas es necesario que lo evalúen y lo traten, ya que, por lo general, son incomprendidos no sólo por el colegio, sino también por la familia.

¿Es mi hijo hiperactivo?

Llamar a un niño hiperactivo se puso de "moda" en muchas escuelas, pero se ha exagerado este término porque los pequeños son inquietos por naturaleza. Esa inquietud se justifica por su energía y ganas de explorar el mundo, por lo tanto, no todos los niños inquietos son hiperactivos.

Para saber realmente si un niño es hiperactivo hay que llevarlo con un especialista para que le haga las pruebas correspondientes y lo diagnostique. Los padres no podemos ni debemos medicarlo si no es justificable.

Algunas de las características que la mayoría de los niños hiperactivos tienen son: Dificultad para memorizar, mienten con frecuencia, son inmaduros, traviesos, tienen excesiva actividad motora, no pueden estar quietos, son distraídos, se impacientan al esperar su turno, les cuesta trabajo obedecer órdenes y tienen bajo rendimiento escolar, entre otras. Afortunadamente, con la ayuda necesaria, los pequeños suelen salir adelante.

Autismo

Si a tu hijo no le gusta que lo abracen o que lo miren a los ojos y le molesta que lo toquen, puede tener una falta de receptividad acompañada de una incapacidad para comunicarse con los demás.

El autismo es un trastorno que afecta estadísticamente a cuatro de cada mil niños, y se presenta más en varones. Cada pequeño con este trastorno es diferente a otro, sin embargo hay algunos comportamientos que son similares: Los autistas rechazan el contacto físico, no miran a los ojos, no usan expresiones faciales ni gestos para comunicarse, ni tampoco tienen destreza en su lenguaje. Algunos, incluso, nunca aprenden a hablar, tienen conductas repetitivas como dar vueltas, mueven los brazos constantemente, dicen la misma frase una y otra vez (ecolalia) o llevan a cabo ciertos rituales antes de dormir. Igualmente tienen apegos y obsesiones a objetos extraños como piedras, tapas de refresco o licuadoras. No siguen instrucciones, se obsesionan por el orden y la rutina, se enojan mucho y hacen rabietas sin razón aparente. Algunos caminan de puntitas, no responden a su nombre, no demuestran ninguna preferencia por sus padres frente a otros adultos, ni tampoco logran socializar ni interactuar. Por eso no desarrollan ninguna amistad.

El autismo es un trastorno que se detecta en la infancia temprana. La edad promedio es antes de los tres años. Si como mamá ves alguna de estas características que te acabo de mencionar en tu hijo, es importante que lo lleves con el especialista. Puede ser un psicólogo infantil o un neurólogo para que lo diagnostiquen. Pero, sí es necesario que sepas que el autismo dura toda la vida. No existe una cura pero sí hay tratamientos como terapias conductuales y de comunicación, y también medicinas que pueden ayudar a controlar los síntomas.

El Síndrome de Asperger es uno de los transtornos del espectro autista y, al igual que éste, se desconoce la causa. Lo que sí se sabe es que los cerebros de quienes lo padecen trabajan de forma diferente.

Los niños con Síndrome de Asperger también tienen problemas para socializar y comunicarse, así como conductas inusuales y repetitivas como los autistas. Se les dificulta entender el lenguaje corporal, evitan el contacto visual, interpretan las frases textuales, por ejemplo, si le dices: "Hay miradas que matan", no pueden entender la ironía. Se creen todo lo que se les dice aunque sea un disparate. No tienen malicia, son sinceros, no se interesan por modas de juguetes o programas de televisión, lloran fácilmente por cosas insignificantes, no les llama la atención el deporte, tienen pobre coordinación motriz, les es más cómodo relacionarse con adultos que con sus pares, tienen excelente memoria, ya que pueden recordar cumpleaños, datos y hechos importantes.

A diferencia de los autistas, los niños con Síndrome de Asperger tienen un coeficiente intelectual generalmente arriba de lo normal, su lenguaje lo adquieren a tiempo y su gramática y vocabulario están por encima del promedio.

El diagnóstico del Síndrome de Asperger es más tardío, en promedio es a los siete años, ya que, frecuentemente, se detecta porque los niños no pueden socializar con sus compañeros. Estas características que te acabo de mencionar sólo son una referencia para que observes a tu hijo y para que conozcas del tema.

El diagnóstico de ambos padecimientos tiene que ser hecho sólo por especialistas.

Creo que ser madre es una enorme bendición en cualquier circunstancia. Las mamás somos el maravilloso conducto para realizar el milagro más grande que el creador pudo haber imaginado y con el que también nos expresa un hermoso camino de aprendizaje y alegría que se convierte en evolución humana.
Julieta Lujambio, periodista.

Daltonismo

Entre los tres y cuatro años es normal que los niños aprendan casi todos los colores, aunque algunas veces los confunden y otras los ven diferentes porque son daltónicos.

El daltonismo es un defecto genético que ocasiona dificultad para distinguir los colores. El grado de afectación es muy variable y oscila entre la falta de capacidad para discernir cualquier color y un ligero grado de dificultad para distinguir algunos matices de rojo y verde. Afecta aproximadamente al 1.5 por ciento de los hombres y sólo al 0.5 por ciento de las mujeres.

Lo que sí te quiero mencionar es que los niños que son daltónicos están en desventaja porque sus conceptos sobre los colores son diferentes al de los demás, lo que les puede ocasionar problemas, y esto repercute en varios ámbitos académicos como el arte, donde los pigmentos son esenciales. También tienen dificultad al combinar su ropa a la hora de vestirse.

Por lo regular, los daltónicos confunden el rojo y el verde pero perciben más las gamas del violeta y visualizan mejor los objetos camuflados.

El daltonismo no es una enfermedad, simplemente es una mala interpretación óptica de algunos colores, así que si tu pequeño lo sufre explícale y entiéndelo.

Los niños y la tecnología

Videojuegos

Como seguramente sabes, los videojuegos hoy ocupan gran parte del tiempo libre de nuestros hijos. Desde pequeños aprenden a jugar con ellos, incluso lo hacen con nuestro propio teléfono y no es del todo negativo, ya que hay también algunos aspectos positivos.

De los aspectos positivos te puedo decir que los niños desarrollan más fácilmente la coordinación ojo-mano, por lo tanto, tienen más habilidades psico-motrices. También aumentan su autoestima porque se ven recompensados con puntos y, a la vez, son reconocidos por otros jugadores.

El aspecto negativo es que los niños se olvidan de hacer ejercicio por permanecer sentados jugando, además, muchos prefieren los juegos donde hay violencia y por eso pueden presentar conductas agresivas y de ansiedad.

Hay estudios que demuestran que algunos pequeños con síntomas de fobia social utilizan los videojuegos como refugio, ya que se niegan a convivir y a socializar con otros pequeños, hecho que no les beneficia en absoluto.

Como padres es necesario que seamos sensatos. Debemos ponerles días y horarios para que no abusen de estos juegos y **De mamá a mamá** también te recomiendo que los compres de acuerdo a su edad y contenido. Evita los violentos, ya que matar y agredir a otros es algo positivo en muchos juegos, al grado que los jugadores ganan puntos por hacerlo. No les demos mensajes equivocados a nuestros hijos permitiendo tanta agresividad, eduquemos con congruencia.

Hablemos de ciber niños

Hoy en día las computadoras tienen mucha influencia en los niños e, igual que los videojuegos, hay que reconocer que tienen algunas ventajas como aumentar la creatividad, mejorar la destreza motriz, así como el razonamiento. Sin embargo, no hay que olvidar que hay edades y tiempos para todo y las computadoras no son la excepción.

De acuerdo a las investigaciones no se debe abusar de las computadoras. Los niños menores de tres años tienen necesidades que las computadoras no pueden satisfacer, ya que ellos aprenden a través de sus sentidos y de inter actuar con los demás.

Cuando los pequeños pasan los tres años de edad los padres podemos buscarles programas sencillos donde nuestros hijos estimulen su lenguaje, aprendan los colores, el alfabeto, los números y distingan figuras geométricas. Estos programas, suelen ser muy divertidos y sustanciosos. Es importante que permanezcamos con ellos mientras realizan una de estas actividades y que les dosifiquemos el tiempo para no remplazar otras actividades necesarias para su salud y crecimiento como correr, brincar, andar en bicicleta, jugar y convivir con los amigos de la cuadra.

Los niños y sus capacidades

Niños brillantes

Para nosotras las mamás nuestros hijos siempre tienen cualidades especiales que otros niños no tienen. La realidad es que sí hay niños que sobresalen de los demás porque desarrollan más rápido el lenguaje y tienen un alto nivel de creatividad. Se les nombra de diferentes maneras:

Niños genios: Son niños capaces de crear productos altamente novedosos.

Niños talentosos: Son niños que tienen una habilidad extraordinaria en áreas como el arte y la música.

Niños superdotados: Son niños que tienen una capacidad intelectual muy alta.

Niños creativos: Son niños que dan soluciones inusuales a problemas no convencionales

Tristemente, en la etapa escolar, estos pequeños suelen ser etiquetados como niños problema o con déficit de atención porque se aburren con facilidad, ya que buscan tareas más difíciles.

Inteligencias múltiples

¿Sabías que la inteligencia se define como la capacidad que tiene cada quien de resolver problemas no sólo académicos, sino también de la vida real? Tomemos en cuenta que no siempre el alumno que saca puro diez en la escuela es el que logra alcanzar sus metas. La responsabilidad, dedicación y esfuerzo son importantes, pero también la habilidad de salir adelante de las dificultades que se nos presentan cotidianamente.

Las mamás debemos saber que todos los seres humanos tenemos habilidades diferentes y esto no quiere decir que, por no ser buenos en matemáticas o física, no seamos inteligentes. Según la teoría de Howard Gardner existen ocho tipos de inteligencias, todos las tenemos en mayor o menor grado y, si las aprovechamos bien, son las que nos ayudan a salir adelante con éxito. Descubre cuál es la de tu hijo.

1. **Inteligencia lógica-matemática:** Son niños capaces de utilizar el pensamiento abstracto. Son buenos para razonar, deducir reglas, hacer mapas mentales, trabajar con números y símbolos, realizar experimentos y resolver retos como armar rompecabezas y operaciones matemáticas. Esta inteligencia la tienen los matemáticos, ingenieros, actuarios y contadores.

2. **Inteligencia lingüística:** Son niños con capacidad de usar las palabras de forma hablada y escrita. Tienen facilidad para aprender idiomas, construir frases y comunicar sus ideas a través del lenguaje. Esta inteligencia es

normal en escritores, poetas y abogados, por ponerte unos ejemplos.

3. **Inteligencia espacial:** Son niños con capacidad de manejar y relacionar colores, formas, figuras y espacios. Les gusta usar plastilina para moldear figuras. Esta inteligencia la tienen los escultores, pintores y arquitectos.

4. **Inteligencia musical:** Son niños con facilidad para identificar diversos sonidos y percibir sus elementos. Logran un alto nivel de concentración y atención, y también pueden reproducir una nota musical sin ningún problema, respetando sus cualidades sonoras sin dificultad. Esta inteligencia la tienen los músicos y los compositores.

5. **Inteligencia corporal kinestésica:** Son niños que utilizan su cuerpo para resolver problemas o realizar ciertas actividades. Tienen gran capacidad para hacer actividades que necesiten fuerza, rapidez, equilibrio y flexibilidad. Esta inteligencia la tienen los deportistas, cirujanos, artesanos y bailarines.

6. **Inteligencia intra-personal:** Son niños capaces de estar en profundo contacto con ellos mismos. Son tímidos, callados e introvertidos cuando están en grupo. Tienen gran curiosidad por resolver enigmas de la vida. Son reflexivos y les gusta sacar conclusiones. Este tipo de inteligencia la tienen los filósofos, sociólogos y antropólogos, entre otros.

7. **Inteligencia inter-personal:** Son niños capaces de entender a otras personas e interactuar con ellas entablando una empatía. Saben comprender, discernir y actuar de manera apropiada, logrando así tener buenos niveles de comunicación. Esta inteligencia la suelen tener los políticos, comunicadores, locutores y diplomáticos.

8. Inteligencia naturalista: Son niños con habilidad de clasificar organismos vivos entendiendo el mundo natural y observándolo. Demuestran amor por las mascotas y las plantas. Entre ellos podemos encontrar a los biólogos, veterinarios, ambientalistas y ecólogos.

Empieza descartando las inteligencias que más se le dificulten a tu hijo y observa las que se le faciliten para que puedas apoyarlo y comprenderlo. Todas las inteligencias son valiosas, así que no menosprecies ninguna. Reconoce e impulsa la de tu hijo, así le vas a ayudar a elevar su autoestima y a encontrar más fácilmente el camino del éxito y a ti te permitirá guiarlo y educarlo de una mejor manera sin presionarlo ni etiquetarlo.

Matemáticas

Creo que para muchos, y me incluyo, las matemáticas han sido nuestro "coco". Nos cuestan mucho trabajo y algunos adultos cometemos el error de hacerle mala fama a esta materia con comentarios desfavorecedores en frente de los menores. Cuando lo hacemos estamos predisponiendo a los niños a que les tengan miedo y las rechacen, cerrando así su mente para aprenderlas. No debemos hacer de las matemáticas nuestra enemiga.

Actualmente, la dedicación y el método para enseñarlas puede hacer el cambio porque, a diferencia de hace unos años, se han desarrollado y diseñado nuevas formas para que los niños, a partir de los seis años, las entiendan y las disfruten, perdiéndoles el miedo, así que + interés y – temor a esta materia.

Liderazgo

Existen varias opiniones sobre si los líderes nacen o se hacen, lo cierto es que no todas las personas tienen las características que a ellos los definen y tampoco cuentan con seguidores que los admiren y respeten.

En la escuela se empieza a reconocer a los niños que tienen este potencial, y pueden ser tanto líderes positivos como negativos. Los positivos son los que aprovechan su talento en beneficio de los demás, y los negativos son los que ocasionan daños, se basan en mentiras, critican y utilizan a otros para su interés personal.

Algunas características de niños líderes son:

· Inteligencia promedio superior
· Madurez
· Trabajan en grupo
· Saben escuchar
· Son sociables
· Tienen capacidad para organizar y dirigir
· Son entusiastas
· Independientes
· Carismáticos
· Confiables

Posiblemente, hoy te des cuenta que tienes un niño líder en casa. Guíalo y edúcalo para que sea uno positivo.

El sueño y sus trastornos

Pesadillas y terrores nocturnos

Cuando era niña a veces me despertaba por un sobresalto causado por un mal sueño, era una situación que me afligía. Ver la casa oscura y en silencio me asustaba y no podía volver a dormir pues me daba miedo cerrar los ojos y volver a soñar con aquel monstruo o bruja que me perseguía. Pienso que esa vivencia todos la hemos sentido alguna vez, sin importar el género al que pertenezcamos.

A veces las pesadillas parecen tan reales que nos hacen sentir una experiencia de terror al grado de sufrir durante el sueño. Hay una edad en donde se manifiestan más y es, precisamente en la infancia, entre los tres y seis años cuando los pequeñitos llegan a tener también lo que se denomina "terrores nocturnos".

Hago esta aclaración porque sí hay una diferencia entre pesadilla y terror nocturno. Lo que sucede es que muchas veces las mamás no sabemos diferenciar una situación de otra. Te voy a decir las características principales de cada una para que las identifiques por si alguna vez se presentan en tu hijo.

Los niños que tienen pesadillas, por lo general, se despiertan espantados y suelen recordarla a detalle. Por lo común gritan, lloran o salen corriendo a la recámara de papá y mamá para ser consolados. **De mamá a mamá** te recomiendo que no te enojes con tu pequeño ni lo regañes, lo mejor es que lo abraces hasta que se calme. Recuerda que tú, probablemente, te sentiste igual cuando eras pequeña y era reconfortante escuchar la voz de alguno de tus padres tranquilizándote con voz suave.

Como dato curioso te digo también que las pesadillas se presentan, normalmente, entre las cuatro y seis de la mañana, a diferencia de los terrores nocturno que se presentan más temprano durante el sueño profundo, por lo común entre la una y las tres de la madrugada.

La reacción de los niños cuando padecen terrores nocturnos es diferente a la reacción de las pesadillas, te lo menciono porque a veces las mamás podemos pensar que están despiertos, ya que suelen estar con los ojos abiertos y con las pupilas dilatadas. También presentan sudoración, taquicardia, lloran, gritan y hasta hablan. Es tan desconcertante el momento porque, incluso, muchos se sientan en la cama y ponen cara de pánico. ¡Imagínate la impresión como mamá al ver a tu hijo así! Normalmente, no sabemos qué hacer ni qué decir porque, aunque les hablemos, no nos contestan porque están dormidos y, cuando por fin despiertan, no pueden recordar el motivo de su terror y se vuelven a dormir con facilidad.

Como padres debemos dejar que el episodio pase y no debemos tratar de despertarlo, suelen desaparecer con el tiempo. Afortunadamente, los terrores nocturnos no se manifiestan en muchos pequeños, son más comunes las pesadillas y suceden más en niñas.

Lo importante es saber cómo ayudar a nuestros hijos a superar esta etapa. A los menores les gusta sentirse acompañados, por eso es bueno que le permitas a tu hijo dormir con sus muñecos preferidos. También es necesario que tengan seguridad y la adquieren con la rutina. Cuéntale una linda historia o cuento o ponle música que lo relaje, dale un beso y procura que tenga horarios para ir a la cama. Lo que te quiero decir es que el momento de dormir debe ser sin prisa, acogedor y cálido.

Aunque a los seis años las pesadillas suelen desaparecer, a veces pueden resurgir a los diez años y se presentan más en niños con estrés, ansiedad o desapego materno.

Tratemos que las vivencias diarias de nuestros hijos sean sanas, es importante que aprendan a afrontar sus miedos con seguridad y, con nuestra ayuda, lo van a lograr.

Ronquido

Hay niños que, aunque son muy pequeñitos, llegan a hacer sonidos cuando duermen, pero hablemos específicamente del ronquido, que es un ruido respiratorio fuerte que ocurre durante el sueño y se produce por la vibración de la parte posterior del paladar.

Según investigaciones cuatro de cada cien niños entre los dos y los ocho años roncan y, en ocasiones, muy fuerte. Algunos pequeños roncan ocasionalmente y otros son roncadores crónicos. Las causas pueden ser por obstrucción de la vía respiratoria alta, por exceso de peso, resfriados, alergias crónicas o por inflamación de las amígdalas.

Los niños con problemas severos de ronquido tienen dificultad para concentrase durante el día y también los familiares que duermen cerca de él. Además, suelen mostrarse nerviosos y excitados, por esta razón el tratamiento médico es necesario para su salud y rendimiento. Dale la importancia que tiene este padecimiento y no te acostumbres pensando que es normal.

Rechinar los dientes

Rechinar los dientes se conoce con el nombre de bruxismo. Este hábito se puede hacer mientras se está dormido o despierto. Si se realiza dormido, normalmente se presenta durante la primera etapa del sueño y cesa cuando se entra en el sueño profundo. Las consecuencias son: Desgaste de los dientes, problemas de encías, musculares o articulares en la parte de la boca.

Los niños tienden a rechinar los dientes aproximadamente a los cinco años de edad y lo pueden hacer de día o de noche. No te preocupes mucho si le sucede a tu hijo porque, generalmente, este hábito va desapareciendo conforme los niños crecen y coincide con el brote de la dentadura permanente aunque, en algunos casos, este comportamiento continúa en la edad adulta convirtiéndose en motivo de consulta dental.

Sonambulismo

El sonambulismo es un trastorno en el cual un niño parcialmente, pero no completamente, se despierta durante la noche. El pequeño puede caminar o hacer otras cosas sin tener memoria de lo que hizo.

Hay niños que cuando están dormidos se sientan en su cama, juegan con objetos, hacen movimientos poco coordinados e, incluso, caminan por el cuarto y hasta salen de su casa. Corren un gran riesgo, ya que pueden accidentarse. Así que si tu niño es sonámbulo siempre tapa la escalera y mantén las puertas y las ventanas cerradas. Tampoco grites o trates de despertarlo, es mejor llevarlo nuevamente a su cama para que se recueste y no permitas burlas de sus hermanos al día siguiente por lo que hizo.

Si tu hijo padece sonambulismo apóyalo y explícale que ese trastorno suele desaparecer solo. Con paciencia y seguridad tu niño saldrá adelante.

Somniloquia

Al padecimiento de hablar dormido se le conoce con el nombre de somniloquia, y en los pequeños se relaciona mucho con sus vivencias y emociones diarias. Los padres, normalmente, no entendemos lo que dicen porque hablan de una manera incoherente y rápida.

En raras ocasiones los niños llegan a mantener un diálogo, lo más frecuente es que emitan sonidos o voces que no llegan a ser palabras, ya que no están pensando de forma consciente. Tampoco pueden organizar sus ideas y no logran recordar nada a la mañana siguiente.

Enuresis

El control de esfínteres no se aprende, se adquiere cuando el niño está maduro. El noventa por ciento de ellos suelen lograrlo entre los dos años y medio o tres aunque, en ocasiones, llegan a tener accidentes, sobre todo por la noche.

De mamá a mamá lo primero que te recomiendo es que ¡no te preocupes ni te estreses! Es importante que sepas, como te dije anteriormente, que no todos los niños reaccionan de la misma manera.

En ocasiones el control de esfínteres nocturno llega a retardarse hasta los cinco o seis años (enuresis), así que debes ser paciente y comprender a tu hijo, esto puede deberse a que su cerebro aún no reconoce la necesidad de despertarse para ir al baño durante la noche, aunque las causas son multifactoriales.

Lo que sí es importante es que nunca lo ridiculices o amenaces diciéndole que vas a platicarle a sus amiguitos que se hace pipi en la cama porque, además de que dañas su autoestima empeoras la situación. Tampoco lo despiertes a medianoche para llevarlo al baño ni le digas que es un "niño cochino". Lo mejor es ayudarlo a formar hábitos. **De mamá a mamá** te recomiendo que le suspendas todos los líquidos dos horas antes de acostarlo, lo acompañes al baño antes de irse a la cama y le des confianza. Ahora, si el problema continúa, es indispensable que lo lleves con el pediatra para que lo canalice con el especialista indicado y descarte un problema físico, ya que como te comenté, las causas son multifactoriales.

Recuerdos del corazón

Juegos y juguetes de ayer y hoy

¿Te has dado cuenta cómo los juegos y juguetes de hoy son diferentes a los de antes? Y es que cada generación se adapta con lo que la tecnología y el mercado le ofrece en su momento.

Si te fijas, muchos niños, actualmente, no saben jugar yoyo, trompo, canicas, avioncito, bote pateado, *stop*, coleadas, patinar o brincar el resorte a menos que nosotros, los padres, se los enseñemos y, por desgracia, no jugamos con ellos con frecuencia porque solemos estar muy "ocupados" y destinamos poco tiempo a estar con ellos.

Como mamá pienso que deberíamos rescatar algunos de estos juegos y juguetes por el bien de ellos porque, además de divertirlos, les ayudan a estimular su imaginación y creatividad de una forma diferente a como hoy lo hacen. O ¿acaso no te acuerdas del famoso balero? Este juego de madera implicaba el reto de poder manejarlo. Además, nos exigía paciencia, perseverancia y, si lográbamos meter el mango en la bocha, la satisfacción de haberlo logrado era enorme. Aparte, no era un juguete caro.

No necesariamente el mejor juguete para nuestro hijo es el más costoso, los padres hemos perdido la perspectiva de la función real que tienen como objetos de aprendizaje y diversión.

Yo me acuerdo que cuando tenía seis o siete años no había tanta variedad en las jugueterías. Posiblemente a ti ya te tocaron los muebles, coches, piscina y demás juguetes de plástico que venden para algunas muñecas ¡pero a mí no! Y hoy que los veo reconozco que si hubieran existido, seguro se los hubiera pedido a mis papás, a Santa Claus o a los Reyes Magos. Sin embargo, también sé que hubiera perdido la oportunidad de usar mi creatividad para fabricarlos yo misma. Utilizaba cartón, grapas y tela que me compraba mi mamá. Además, era un momento de convivencia y de trabajo en equipo con las amigas de la cuadra. ¡Claro!, no eran tan bonitos como los que hoy venden, pero era muy entretenido y divertido hacerlos. Estoy cierta que, por el esfuerzo y trabajo que costaba tenerlos, era más fácil que, como niños, les diéramos un valor emocional, no económico, y eso nos hacía que los cuidáramos más.

No podemos culparnos, la tecnología nos llega a deslumbrar aún como adultos y también nos hace olvidar o pasar a segundo plano cosas importantes que, además de divertirnos, beneficiaban nuestra salud. ¿Recuerdas cuando andabas en bicicleta? Muchos niños hoy no saben usarla, era súper divertido equiparla con canastilla, timbre, rayos de colores y espejos laterales. Aparte, sudábamos y quemábamos calorías, razón por la cual había menos obesidad infantil. Igualmente, adquiríamos la habilidad de controlar nuestro cuerpo manteniendo el equilibrio y ganábamos una enorme vitalidad

No cabe duda que cada época tiene su magia y encanto especial, el juego y los juguetes de ayer son parte de nuestros recuerdos, y los de hoy formarán parte de la vida de nuestros hijos. Por eso tratemos que siempre estimulen su creatividad, imaginación y condición física para que, en el futuro, cuando piensen en ellos, dibujen en su rostro una ¡gran sonrisa!

Paseos familiares... Momentos inolvidables

A muchos padres se nos ha olvidado pasear al aire libre con los hijos, convivir con ellos y enseñarles la naturaleza de la misma manera que nos la enseñaron a nosotras. Te lo digo porque, aunque parezca increíble, la mayoría de los niños de hoy sólo conocen a las vacas, los pollos, los conejos o los borregos porque los han visto en televisión, en computadoras o en libros con grandes ilustraciones y hermosos colores, por lo tanto, se han perdido de algo muy importante: Interactuar con ellos. No saben que se siente tocarlos, nunca los han escuchado y bueno, tampoco los han ¡olido!

No sé si te acuerdes que en otras épocas se acostumbraba más que los padres nos llevaran a divertidos días de campo con los tíos, primos y amigos. Ahí corríamos, brincábamos, montábamos a caballo y comíamos ricos sándwiches y huevos cocidos. Grandes momentos familiares que no se olvidan, donde sacábamos la famosa "mesa maleta". Si no te tocó te la platico: Era una maleta que abrías y se transformaba en una mesa plegable, algunas tenían sillas. Era un artículo que no se olvidaba en los "picnics". Estoy segura que esos dulces recuerdos hoy llenan el corazón de muchas familias de ayer, incluyendo la mía.

Creo que a muchos se nos ha olvidado lo divertido que era jugar y convivir en familia, hacer equipos con los padres al jugar quemados o ir a explorar el lugar y recoger piedritas y ramas que guardábamos como recuerdo de un buen momento.

Por desgracia, hoy en día no es tan frecuente ese tipo de convivencia familiar y una de las razones es porque tanto papás como mamás vivimos con mucha prisa, estamos cansados de las presiones diarias del trabajo, de las carreras de todos los días y lo que queremos es que llegue el fin de semana para poder descansar. Y, como los niños no conocen otras opciones, les resulta divertido quedarse en casa jugando con un videojuego de moda y pedir una deliciosa pizza de peperoni y, porque no aceptarlo, ese plan a los padres nos parece bien porque podemos reposar tranquilamente en casa, y cada uno en su espacio.

Lo negativo es que esta situación ha cambiado las relaciones familiares alejándonos de nuestros hijos y, peor aún, sustituyendo nuestro tiempo de convivencia con objetos que los entretienen por horas. Incluso pagamos grandes sumas en comprarlos con tal de que los niños estén "contentos", dándoles así el mensaje de que lo material sustituye lo emocional.

Por eso bien dicen que los niños de hoy "no se llenan con nada", y es que los padres estamos provocando que su nivel de frustración sea mínimo, les damos, equivocadamente, todo lo material que está en nuestras manos y así nos libramos de la posible culpa por no compartir más momentos juntos.

Debemos detenernos a pensar y a reflexionar ¿qué tipo de hijos estamos criando? Los lazos afectivos se forman con la comunicación, la cercanía, el juego, la complicidad, incluso con las travesuras, no se compran con objetos.

Al enseñarles esta forma de vida materialista no podremos culparlos, en un futuro, de estar lejanos a nosotras, ser fríos al no demostrar sus emociones, y apáticos por no compartir momentos familiares.

De mamá a mamá te recomiendo que trates de aprovechar cada instante con tus hijos para enseñarles las prioridades de la vida que van formando, entre ustedes, fuertes lazos afectivos. Incúlcales valores y buenos sentimientos y, sobre todo, llena su corazón con grandes momentos de convivencia familiar.

Comunicación a través del juego

Ni te imaginas el alimento emocional que es para nuestros pequeñitos y lo nutritivo que resulta para nosotras sentarnos a platicar con ellos sobre temas de su interés como el colegio, los amiguitos o las experiencias que vivieron durante el día. Es un momento muy especial porque así logramos abrir su pensamiento y corazón y, a la vez, nosotras nos podemos enterar de sus emociones. Definitivamente, ésta es la mejor forma de saber qué les preocupa, qué les asusta o qué les gusta o disgusta. Te recomiendo que lo intentes y vas a ver que la comunicación va a fluir de una forma suave y espontánea.

Una vez entrevisté a un especialista en el tema de "Buscando emociones de nuestros hijos", me comentó que la mejor manera de comunicarnos con ellos es por medio del juego. Hoy entiendo muy bien ese mensaje que a veces parece oculto. En mi rol de mamá lo he puesto en práctica y, jugando con mis hijos, me he fijado que suelen poner a sus muñecos como protagonistas de su propia historia. Por darte un ejemplo, ellos pueden decir que su peluche preferido está triste porque un "osito" ya no quiere ser su amigo. Así, de esta manera, nosotras sabemos que él está triste sin necesidad de hacerle un tedioso interrogatorio, podemos seguirle el juego y hacerle preguntas sencillas para que se abra. Te garantizo que así sabrás qué están viviendo, sintiendo y pensando. Además, es una forma de guiarlos sanamente y apoyarlos para que aprendan a superar la tristeza.

Pero también está el otro lado de la moneda, así como te digo que nosotras las mamás debemos escuchar y observar a nuestros hijos siempre, igualmente te digo que debemos ser escuchadas por ellos. Por eso, **De mamá a mamá,** te sugiero que al hablar con tu pequeñito trates que tu lenguaje sea sencillo, directo y vaya de acuerdo a su edad para que entienda lo que le quieres transmitir.

Los principios, bases, seguridad, fortalezas y límites que tenga tu hijo en el futuro serán resultado de la buena o mala comunicación que ustedes logren como familia. Todo tiene un tiempo y éste, desafortunadamente, no se recupera. Por eso, te aconsejo que aproveches sus primeros siete años de vida porque son especiales: Es cuando su cerebro recibe mejor la información que le damos y después la almacena como parte de su aprendizaje.

Comiendo y creciendo

Niños cocinando... ¿A qué sabe?

A todas las mamás nos preocupa que nuestros hijos se alimenten bien y, bueno para superar esta angustia, debemos entender que hay edades en las que no quieren comer o de plano comen muy poco porque se satisfacen rápido o porque, simplemente, prefieren ocupar ese tiempo en jugar: No conviertas la comida en su peor enemigo.

Si tu hijo no quiere comer lo peor que puedes hacer es correrlo de la cocina y castigarlo. Mejor permítele que se quede para que vea a papá y a mamá disfrutar de una rica ensalada o una jugosa carne. No lo obligues ni amenaces, por imitación y antojo verás que empezará a probar lo que sirves en la mesa, ¡claro!, es un trabajo de todos los días y de costumbre. Quiza, el primer y segundo día se enoje y no quiera comer pero, poco a poco, se acostumbrará a tu cambio de actitud.

Otra buena idea que te comparto *De mamá a mamá* es que involucres a tu hijo en la preparación de los alimentos. Nómbralo tu ¡chef personal!, verás cómo disfruta cocinar y comer. Actualmente es muy fácil porque podemos encontrar recetas sencillas que los pequeños pueden preparar. Busca libros de cocina para niños porque, además de encontrar prácticos consejos, aprenden a identificar la comida saludable de la chatarra.

Dejar entrar a tu hijo a la cocina contigo le va a beneficiar en muchos sentidos. Cuando empiece a cocinar se va a interesar por probar diferentes sabores, se divertirá al seguir instrucciones y se sentirá útil al ver su esfuerzo traducido en un rico platillo que, además, compartirá con su familia.

Cocina con tu hijo, no te vas a arrepentir aunque en el intento rompa algunos huevos fuera del recipiente o derrame leche en el piso. La convivencia que se crea entre nosotras las mamás con ellos al cocinar es ¡increíble!

Promedio de crecimiento

Es frecuente que las mamás comparemos a nuestros hijos con otros niños respecto al peso y talla que tienen. Nos angustiamos si los vemos bajitos y flaquitos en comparación a los otros. Recuerda que la genética juega un papel importante, no podemos pretender tener hijos que midan 1.90 cuando papá y mamá somos bajitos.

Hay una regla matemática llamada "talla blanco familiar" que algunos pediatras utilizan para medir la estatura aproximada que alcanzará una persona en su edad adulta, así que si quieres saber cuánto medirá tu pequeño saca tu calculadora. Primero se deben sumar las estaturas de papá y mamá. Si tu hijo es varón tienes que aumentarle a esa suma 13 y el resultado dividirlo entre 2. Si es niña, lo único que cambia es que en lugar de sumarle 13 a las estaturas conjuntas de papá y mamá, se restan 13 y, de igual manera, se dividen en 2. Este cálculo puede variar unos dos centímetros más o menos pero es un buen aproximado. Te doy un ejemplo: Mi esposo mide 1.83 y yo 1.67. Para calcular la estatura promedio de mis hijos hago la siguiente operación:

VARONES	MUJERES
183 + 167 = 350	183 + 167 = 350
350 + 13 = 363	350 – 13 = 337
363 / 2 = 181	337 / 2 = 168

ESTATURA PROMEDIO

1.81	1.68

Si ya realizaste esta operación con seguridad ya estás más tranquila. Es importante que también sepas que hay edades en donde los seres humanos crecemos más: Durante el primer año de vida los niños aumentan en promedio entre 18 y 25 centímetros y es la etapa cuando un ser humano crece más fuera del útero.

Después de esa edad el nivel de crecimiento va disminuyendo. A los dos años sólo aumentan doce centímetros, así que no te agobies pensando que se está estancando porque es normal. A los tres, aumentan únicamente ocho centímetros en promedio. A los cuatro, el crecimiento es de siete centímetros y, cuando cumplen cinco, crecen entre cuatro y seis centímetros anuales. Pero no te preocupes porque, a los ocho, los pequeños suelen tener un estirón. Así que prepárate a comprar mucha ropa porque la va a ¡dejar rápido!

Como dato curioso te platico que los niños crecen más por la noche porque, aproximadamente después de la primera hora de que se durmieron, entran en un estado de sueño profundo y, en ese momento, comienza la producción de la hormona del crecimiento.

Fracturas

No es difícil ver a pequeños con piernas, brazos o manos enyesadas, situación que los incomoda porque les da comezón y, además, los limita a realizar sus actividades. Sin embargo, también hay que reconocer que algunos se sienten importantes al tener las firmas y dibujos de sus amigos en el yeso y, desde luego, les divierte escoger su color porque, actualmente, hay variedad ¡hasta en eso!

Y aunque los adultos no estamos exentos de quebrarnos una pierna se puede decir que las fracturas son parte de la infancia, ya que los niños, por tener tanta energía, no se cansan de brincar, correr, patinar o hacer travesuras en las que corren riesgo. Por realizar las actividades anteriores tienen más probabilidad de lastimarse un hueso.

Hay que estar conscientes que los golpes que provocan las fracturas pueden quedarse en sólo una mala experiencia que les produce dolor, inflamación y a veces fiebre, sin embargo hay algunas que pueden traer complicaciones.

Las fracturas que afectan el cartílago del crecimiento en niños pueden ocasionar la detención del crecimiento del hueso fracturado. Por lo tanto, hay que tener cuidado y proteger a nuestros hijos con el equipo necesario como son las rodilleras y coderas que ayudan a amortiguar los golpes.

Los accidentes no los podemos evitar pero sí podemos prevenir que las consecuencias sean menores. ¡Suerte!

Desparasitar

Hay que desparasitar a nuestros hijos dos veces al año, habla con tu médico sobre este tema, ya que existen una gran cantidad de parásitos como lombrices y amibas que se alojan en el intestino del ser humano que causan ciertas molestias. Lo malo es que los daños mayores se producen en los niños porque afectan su desarrollo, crecimiento y salud.

Las mamás sabemos que es casi imposible pedirles a nuestros hijos que no jueguen con tierra, por eso debemos de tomar ciertas medidas y llevarlas a cabo.

Nota: La mayoría de los parásitos se adquieren por ingerir agua, tierra o alimentos contaminados, por eso es fácil que se incrusten en el estómago y más, si tomamos en cuenta que a los niños les encanta jugar con tierra. Hazle el hábito a tu hijo de lavarse las manos antes de comer, después de jugar, ir al baño y acariciar a alguna mascota.

Recuerda, se necesitan 21 días para formar un buen hábito, si fallas uno tienes que volver a empezar y entre más pronto se lo enseñes a tu hijo, incluso con tu ejemplo, más rápido lo adoptará como parte de su vida diaria. Esta sencilla medida de higiene previene fuertes infecciones intestinales. Empieza hoy.

Amor, miedo y autoestima

Secretitos de amor

Es un gran momento para las mamás cuando nuestros hijos se sientan en la cama a platicarnos de sus sentimientos hacia sus compañeritos de la escuela. Nos suele dar gracia escucharlos y verles sus caritas de emoción cuando nos hablan de aquel niño o niña que tanto les gusta.

Aunque pensemos que nuestros hijos son muy pequeños para sentir "mariposas en el estómago" por algún amiguito, sí las llegan a sentir. Hay estudios que revelan que los niños pueden llegar a "enamorarse" por primera vez a los tres años cuando entran al jardín de niños, ¿suena raro verdad?, pero sucede. A lo mejor, si haces memoria, recuerdas a tu primer amor y, probablemente, fue entre los tres y cinco años de edad.

Hay pequeños que se llegan a sentir atraídos por primera vez por un adulto, y ocurre por la profunda admiración que sienten por él. O ¿acaso no has escuchado a algunas niñas decir que se van a casar con su papá porque es su príncipe azul o al niño que sólo habla de lo bonita que es su maestra? Por supuesto, el sentimiento no es igual a como lo vivimos los adultos, el de los niños es más inocente y puro.

Los niños piensan en el amor tal como lo ven en las películas de princesas donde todo es color de rosa. Es importante mencionar que absorben lo que ven en casa, por eso es necesario que los padres vivan el amor de una manera sana, ya que durante sus primeros siete años registran, en su memoria emocional, el concepto de amor que les enseñamos, sea bueno o malo, y tendrá relevancia en un futuro a la hora que elijan pareja.

Esta primera fase de amor da paso a un "enamoramiento" hacia alguien de su edad, como son los amiguitos del jardín de niños con los que convive diariamente y se siente identificado.

Al principio, los niños se ven atraídos por los rasgos físicos que les gustan de otros pequeños como son el color de ojos o de piel, el cabello, la estatura y la complexión. Conforme van creciendo, empiezan a admirar cualidades que ellos no poseen y que desean, como ser veloces, simpáticos o extrovertidos, por ponerte un ejemplo.

Los niños, al igual que los adultos, sienten el deseo de estar con el pequeño o pequeña que les gusta. Y pueden sentir tristeza, emoción e, incluso, desconcentración. Como te mencioné anteriormente, copian nuestras conductas y por eso hasta llegan a hablar de casarse y tener hijos, y mucho depende del entorno en el que se desarrollan.

Por eso, si llegas a tener este tipo de conversación con tu hijo, no lo ridiculices ni lo menosprecies diciéndole que está muy chico para pensar en eso, y tampoco te rías porque, sin querer, puedes lastimarlo. Es necesario tomar en serio lo que nos platican y escucharlos con atención entendiendo cada una de sus emociones.

Lamentablemente, todo esto que te estoy diciendo no es lo que sucede con frecuencia. A veces los padres no sabemos cómo manejar la situación y solemos tomar su conversación con gracia, incluso algunos papás, si sus pequeños son varones, los presumen con orgullo. Por eso es común que cometamos el error de platicárselo a la abuelita, a los amigos, a los hermanos... Es mejor ser discretos y guardar su secretito de amor porque podemos perder su confianza y dar pie a que otros se burlen de sus sentimientos.

Tampoco hay que preocuparnos si los vemos enamorados tan pequeñitos, es una etapa natural que irán viviendo y también superando, en caso de que no sean correspondidos. A partir de los ocho años este enamoramiento infantil pasa y los niños no quieren saber de las niñas y viceversa, hasta que llegan a la pubertad. Si sabemos lo que les sucede, será más fácil que entendamos y respetemos su sentir, ¡suerte en tu tarea de mamá!

Amigos imaginarios

Es normal que nuestros hijos nos platiquen de sus amiguitos de la escuela. Lo que es de llamar la atención es cuando nos hablan de un ser inexistente, o sea, "un amigo imaginario".

No te alarmes si tu pequeño tiene uno, aunque no todos los niños lo tienen, es frecuente que suceda y la causa más común, para tener un amigo imaginario, es que sean hijos únicos, aunque no es necesariamente una condición.

Mi hijo Daniel en preescolar tuvo un amigo imaginario, al principio pensé que "Jorge", como se llamaba, era un compañerito del colegio, pero después, observándolo y escuchándolo, me di cuenta que Jorge sólo existía en su mente, circunstancia que me angustió un poco.

Dany me contaba que en las noches salía con su gran y mejor amigo Jorge a jugar futbol y a trepar árboles, situación imposible de suceder. Así que, le dije que quería conocer a su amigo, y me respondió que Jorge no quería jugar conmigo. ¡Créeme!, hubo un momento en que me espanté pensando en mil cosas, bueno hasta ¡agua bendita eché en mi casa! Y, precisamente eso sucede, cuando no sabemos manejar ni entender las diferentes situaciones que podemos vivir con nuestros hijos. Tampoco es bueno servirle sopa al amigo imaginario o saludarlo, fingiendo que entra con nuestro pequeño a alguna habitación de la casa. Aunque suene raro hay quien lo hace.

De mamá a mamá te digo que los amigos imaginarios sólo viven en la mente de algunos niños y desaparecen de su pensamiento con el tiempo sin la necesidad de que los padres hagamos algo al respecto. La convivencia con otros niños les ayuda a olvidarse de su amigo imaginario para convivir con amigos reales, así que si tu pequeño tiene uno ¡tómalo con calma!

Regalos

Aún tengo recuerdos de mi infancia en los que contaba los días que faltaban para mi cumpleaños o para Navidad, se me hacían eternos. Hoy me reflejo en mis hijos cuando alguno de ellos me pregunta: Mamá ¿cuántos días faltan para mi cumpleaños? Lo que veo en sus caritas es la emoción de la fiesta, la piñata, los dulces, el delicioso pastel y, por supuesto, los regalos que recibirán de parte de sus amiguitos del colegio y de la familia.

Normalmente, los niños piensan un mes antes en todo lo que quieren tener: Pelotas, muñecas, cochecitos, bicicletas, juegos de mesa o videojuegos, dependiendo de la edad que tengan. La verdad es que la ilusión es tanta que el simple hecho de ver una caja con un gran moño les provoca una sonrisa difícil de borrar.

La sorpresa les encanta y engrandece ese maravilloso momento. No es lo mismo recibir un regalo envuelto con un fabuloso papel con coloridos dibujos de un súper héroe o de la princesa de moda, a recibirlo, simplemente, sin envoltura.

Para todos es satisfactorio recibir obsequios de los demás pero, como mamás, hay que enseñarles a nuestros hijos el verdadero significado del regalo el cual es una demostración de amor hacia el otro y no tiene que ver con el costo del objeto. Para recibir, también tenemos que aprender a dar y no sólo cosas materiales, sino también cosas que se regalan con lo más importante que tenemos como seres humanos, el corazón.

Demostrarle a los demás cuánto nos importan al dar, y agradecer profundamente al recibir, es un ejemplo y enseñanza positiva para nuestros hijos. Los regalos no son más que vehículos que expresan nuestros sentimientos y es muy satisfactorio también recibir una carta o tarjeta hecha por un amigo o familiar, así como una llamada telefónica de alguien que se acuerda y preocupa por nosotros.

No hay que olvidar que los padres somos la guía de los hijos y, en la medida que les enseñemos estos valores de amistad y agradecimiento, ellos los van a llevar a la práctica en su vida diaria.

Dar sin mesura y a petición del menor, lejos de hacerle bien le daña, ya que crece con la firme idea que se merece todo y no acepta negativas.

Actualmente muchos padres dicen: Yo no quiero que mis hijos pasen los mismo trabajos que yo pasé" entonces, ¿cómo van a aprender a enfrentarse a los problemas si no tienen el aprendizaje de la frustración que la vida sabiamente nos dio? ¿Acaso no somos lo que somos por lo que tuvimos que vivir? Hoy encontramos generaciones de niños y adolescentes poco tolerantes y, por lo mismo, no saben manejar sus emociones. Al no recibir lo que quieren, manifiestan conductas erróneas de enojo, depresión y agresividad con las que no podrán lidiar en el futuro.

El control de las emociones no madura sin recibir antes alguna dosis de frustración y es, precisamente esa fuerza, la que nos hace salir adelante después de la adversidad.

Es conveniente que, como padres, nos preguntemos: Cuándo, cuántos, cómo y dónde recibirán regalos y premios nuestros hijos, aun teniendo los medios para comprarlos no podemos exagerar. No te dé miedo ser "mala mamá" por no complacerlos en todo. El mejor regalo es el ejemplo formado por valores como el amor hacia ellos y a los demás, así como la fuerza y la tenacidad para alcanzar sus sueños y grandes metas. Regálale felicidad futura a tu pequeño con una dosis de frustración y aprendizaje.

Miedos

¿Sabías que el miedo es una emoción que nos ayuda a sobrevivir como especie humana? Aunque te suene raro, lo podemos definir como un tipo de "alarma" que la naturaleza nos dio para alertarnos. Es un aviso de los peligros que nos rodean que pueden ser o no reales.

Desde la infancia podemos entender qué es el miedo y, fácilmente, lo identificamos porque nuestro cuerpo, al sentirlo, tiene algunos cambios físicos y hormonales que, seguramente has tenido, como que nuestro corazón palpite más fuerte o que las manos empiecen a sudar. Estos síntomas hacen que produzcamos una hormona que se llama adrenalina.

El miedo es una emoción que nos acompañará ¡toda la vida! Sin embargo, hay una etapa en donde se siente más, y es en la edad de preescolar. Se puede decir que algunos miedos en los niños son universales, uno de ellos es a la oscuridad y el otro a dormir solos. Como te mencioné anteriormente, recuerdo que de niña, cuando llegaba a despertar en la noche, ver esa oscuridad, combinada con un gran silencio, me provocaba temor.

Gracias a este recuerdo, hoy, como mamá, puedo entender esa angustia que mis hijos, en su momento, han sentido. Por eso, lejos de regañarlos, pienso que es mejor ayudarlos a vencer ese miedo. *De mamá a mamá* te comparto que, actualmente, dejo en el cuarto de mi hija de siete años una luz tenue que le ayuda a sentirse segura durante la noche. Sé que conforme vaya creciendo este temor va a ir desapareciendo.

Otro miedo común en los niños es a lo desconocido, o sea, a no saber qué va a pasar. ¿Te has fijado que los pequeñitos corren a abrazarnos cuando hay una fuerte tormenta con truenos y relámpagos? Este temor es fácil de resolver, sólo hay que explicarles que están protegidos y no tienen de qué preocuparse. Te garantizo que cuando lo sepan aprenderán a disfrutar las lluvias y hasta pintarán con sus deditos caritas en las ventanas empañadas.

Otro de los grades miedos de los niños es a los animales y más cuando no conviven con ellos o cuando nosotras, las mamás, les transmitimos nuestros propios temores. Entiendo que es necesario hacerlos precavidos pero no miedosos. Por eso, cuando están en estas edades se recomienda que tengan una mascota y lo mejor es que ellos se hagan cargo de ella para que adquieran así el valor de la responsabilidad.

Y, por último, quiero mencionarte otro miedo importante que se da entre los cinco y siete años aproximadamente, es a la muerte. Los niños empiecen a tener curiosidad y temor por ella, les asusta perder a los que quieren como papá y mamá.

Tus hijos, al ir creciendo, van a ir borrando de su mente lo que hoy les preocupa. Hazles ver que sentir miedo no debe avergonzarlos porque es una emoción natural que, con el tiempo y nuestra ayuda, irán superando.

Uno de los grandes errores que cometemos los padres es decirles a los pequeños que la gente, cuando muere, se queda dormida, por lo tanto, muchos no se quieren ir a dormir ya que temen no despertar.

Es mejor hablar con la verdad y explicarles, de una manera sencilla, que la muerte es un ciclo de vida, que todo tiene un principio y un fin. Créeme, esta explicación los ayuda a entender mejor este proceso de una forma natural.

Nunca menosprecies el dolor de tu hijo, es mejor hablar con ellos sobre lo que sienten y quieren. Los duelos se presentan desde la infancia y no son sólo con pérdidas humanas, también los viven cuando extravían un juguete o se les muere su mascota.

Tu hijo, al ir creciendo, va a ir borrando de su mente lo que hoy le preocupa. Hazle ver que, sentir miedo no debe avergonzarlo porque como ya mencioné, es una emoción natural.

Depresión infantil

Entre menor luz tenga el día mayor tendencia tenemos los seres humanos a deprimirnos. ¡Claro! no es una regla ni le pasa a todos, pero sucede. Por eso, cuando los días están nublados solemos sentirnos tristes. A los niños también les pasa, ellos necesitan de la luz solar para cargar esa energía que los caracteriza, por eso los paseos al aire libre los revitaliza.

De acuerdo a algunas investigaciones es conveniente mantener ventanas y cortinas de nuestro hogar abiertas durante el día para que entre la mayor cantidad de luz posible y es, precisamente esta luz, la que te recomiendo tenga tu pequeño a la hora de hacer sus tareas escolares.

No está de más decirte que los niños pueden demostrar tristeza de diferentes maneras, algunas de ellas es aislándose o mostrando cierta indiferencia. Si esto le sucede a tu hijo, de forma pasajera, una buena solución, además de la exposición solar, es darle un poco de chocolate. Está comprobado que este manjar pueden mejorar su estado de ánimo, ya que actúa a nivel cerebral produciendo endorfinas, (sustancias que producen placer), por supuesto, dosificado por ti. Ahora, si su depresión o tristeza es crónica es indispensable que le des la importancia que merece y trates de investigar por qué se siente así y, si es necesario, llévalo con un especialista.

Apodos y autoestima

Querer mejorar el aspecto físico o parecernos a otra persona es algo que a veces nos sucede. El moreno quiere ser rubio, el que tiene pelo chino lo quiere tener lacio y el que es bajito quiere ser alto o viceversa. Hay características físicas que tenemos que no nos gustan del todo y que pueden volverse una obsesión si además, por ellas, somos motivo de burlas y apodos.

Tristemente, muchos de estos sobrenombres o apodos empiezan en casa por la misma familia. Son los primos, los hermanos, los tíos e, incluso los padres, los que los ponen y en ocasiones se arraigan tanto que el nombre real pasa al olvido.

A veces los apodos no son agradables y no le hace ninguna gracia a quien se lo ponen porque sufre, aunque se digan que son de "cariño" como el de flaquito, gordita, brujita, chaparrita o negrito, entre otros.

Los apodos pueden marcar la personalidad de los niños y dañar su autoestima sin que los padres nos demos cuenta. Así, que es importante que, como mamás, estemos muy pendientes de ellos y los evitemos. No permitamos que la misma familia le ponga apodos a alguno de nuestros hijos.

La autoestima significa quererse a uno mismo, saber que somos valiosos, dignos, que somos capaces de hacer cualquier cosa y que merecemos el respeto de nosotros mismos y de los demás, seamos como seamos. No permitamos que nuestros hijos se sientan menos, ni tampoco que merecen ser agredidos por como son, sienten o piensan. Enseñémosles todos los días a amarse y a aceptarse.

Autolesiones

Cuando algunos niños se enojan llegan a lastimarse para llamar nuestra atención golpeando su cabeza con sus propias manos o contra la pared o suelo. Si tu hijo lo hace por berrinche y no porque tenga algún trastorno, va a medir su fuerza para evitarse dolor, así que tómalo con calma pero obsérvalo porque es una conducta que si no se modifica puede causarle problemas a futuro.

Los niños no son tontos pero sí un tanto manipuladores, por eso los padres tenemos que ser muy firmes con ellos y enseñarles a sacar su ira de forma diferente. Es necesario que los pequeños que se autolesionan aprendan a liberar sus emociones controlándose y no agrediéndose ellos mismos ni a los demás. Algunos especialistas recomiendan, en estos casos, dejarlos golpear un cojín o romper papel hasta que se calmen. Es indispensable que aprendan a manejar sus emociones en la infancia, si no lo hacen ¿qué se espera de ellos cuando rompan con su novia o no consigan el empleo que solicitan en su vida adulta? Que practiquen algún deporte también les auxilia a sacar esa energía negativa que los lastima, además, los ayuda a pensar y a actuar positivamente. ¡Suerte!

Buenos modales

Reglas de cortesía

Saber cómo educar y guiar a nuestros hijos suele ser una tarea difícil y las mamás aprendemos a través de la experiencia.

Los niños, a los cuatro años, ya tienen la madurez que se necesita para ponerse en el lugar de otro y no pensar sólo en sus necesidades. Por eso hay que cuidar la forma en que nos comunicamos con ellos porque ésta será un ejemplo y una base para que sepan comportarse.

Si le enseñas a tu hijo a pedir las cosas con cortesía, diciendo "gracias y por favor", lo estarás sensibilizando a reconocer el trabajo de los demás y, sobre todo, a respetarlo.

Tienes que ser muy clara con ellos, ya que los niños, en ocasiones, no nos entienden. Te cuento una anécdota: Mi hija, alguna vez me pidió un vaso con agua en forma imperativa y yo, pensando que entendía mi expresión, le dije: Montserrat, si quieres agua dime la palabra mágica y me contestó: "Abra cadabra"[1]. Por supuesto que en el momento me dio mucha risa, pero también entendí que la claridad de nuestro lenguaje es importante.

Es necesario enseñarles a los niños a pedir las cosas de buena manera. Te aseguro que estas reglas de cortesía, si las aprenden desde pequeños, serán buenos hábitos que difícilmente podrán dejar. Así que no desperdicies los mejores años de aprendizaje de tu hijo, sus primeros siete años.

Groserías

Para algunos padres es muy gracioso oír a sus hijos pequeños hablar con malas palabras y hasta se las festejan. No podemos olvidar que los niños, en sus primeros años de vida, son como una esponja y absorben todo lo que ven y oyen. Ellos, por su inocencia, no pueden entender el significado de lo que están repitiendo, pero sí comprenden el impacto que provoca en quienes lo están escuchando. Por eso, si como mamá le festejamos a nuestro hijo esa conducta, el pequeño dará por hecho que lo que dijo es aceptable y lo repetirá en cualquier momento.

Entonces, ¿no crees que sería incongruente regañarlo cuando diga alguna mala palabra o grosería enfrente de las visitas y luego celebrársela cuando estamos a solas? La educación de nuestros hijos debe ser firme, constante y sin excepciones porque si no es así, lo único que sucederá es que los confundiremos.

---

[1] **Abracadabra** viene de un amuleto que usaban los gnósticos (mezcla de cristianos y místicos) del siglo III, para curar a las personas. Este amuleto tenía las letras ABRACADABRA escritas en forma de triángulo.

Risas y chistes

Cuántas veces no hemos escuchado que los berrinches y travesuras de nuestros hijos son para llamar la atención y, la verdad, es cierto. En muchas ocasiones lo hacen porque quieren que los tomemos más en cuenta, aunque sea con castigos y regaños. Es una necesidad que muchos pequeños tienen por sentirnos cerca de ellos. Aunque también suelen hacerlo de otra forma, de una manera divertida que fortalece su autoestima al sentir la aprobación que los adultos le damos a su simpática conducta. O ¿no te has fijado que entre los cinco y seis años de edad a los niños les gusta contar chistes y hacer bromas y gracias para llamar nuestra atención? Lo hacen porque las risas que provocan en nosotros los padres y amiguitos les dan seguridad e independencia, dos cualidades que buscan para ser aceptados.

No olvides que el humor también es una forma de comunicarse y de pertenecer. Más que divertir y entretener a otros, los niños, en esta etapa de vida, buscan fomentar sus relaciones familiares y amistosas. Además, estas risas los ayudan a calmar sus nervios y es benéfica para su salud física y mental. Así que festéjale sus puntadas, aplaude sus chistes y, sobre todo, comunícate con tu pequeño a través de la ¡carcajada!

Mentiras

Para muchas personas decir mentiras es una costumbre, algunas veces podemos disculparlas diciendo que son "mentiras piadosas" y que no lastiman a nadie. La verdad es que la persona que miente pierde la credibilidad ante los demás, no es digna de confianza y, difícilmente, se le toma en serio, ¿Te gustaría que tu hijo fuera etiquetado como un mentiroso? Pienso que no.

Por eso es necesario que los padres les demos un buen ejemplo, ya que somos los responsables de sus actos pues somos los encargados de enseñarles a hablar siempre con la verdad, aunque las consecuencias no sean muy agradables.

Es importante que también sepas que durante los primeros seis años de vida, es frecuente que los niños mientan y ocurre porque todavía no saben separar la fantasía de la realidad, así que hay que tener cuidado al juzgarlos. Pasando esta edad ellos ya tienen más conciencia de sus actos, por eso es importante que sepan afrontar sus errores con la verdad.

¡Lo tuyo es mío!

Cuando un niño toma algún objeto ajeno o roba, es normal que nos preocupemos, aunque sepamos que es frecuente que entre los tres y los cinco años tomen algo que les llame la atención. Después de esa edad ya pueden entender que las cosas le pertenecen a otros. Por eso, como mamá, es importante que le enseñes a tu hijo el valor de los derechos de propiedad y la consideración a los demás.

La razón por la que un pequeño roba varía, puede ser por la necesidad de recibir más atención, por querer demostrar una equivocada valentía o por hacer un regalo a alguien especial.

Si tu pequeño roba, tienes que desaprobar su acción y hacerlo afrontar la consecuencia devolviendo el objeto. Es prudente no etiquetarlo como "ladrón" con los demás y no sermonearlo, eso no lo beneficiará en nada. Dale atención y guíalo con valores desde la infancia. *De mamá a mamá* te aseguro que si lo haces las acciones que tenga durante su crecimiento serán mejores porque si no lo aprende a esta edad, entonces ¿cuándo?

¡Al pendiente mamá!

Golpe de calor

¿Sabes que es el golpe de calor? Es la elevación de la temperatura corporal por encima del promedio normal y puede causar daños severos al cerebro y a los riñones. Como mamás, hay que tomar medidas, ya que los niños pequeños están más expuestos a que les suceda porque su capacidad de sudar es menor a la de los adultos. Los síntomas que aparecen cuando un pequeñito se insola son: Temperatura corporal elevada (40 o más), piel seca, caliente y roja pero no transpira, dolor de cabeza, náuseas y vómitos, mareos, fatiga, desorientación o confusión, latido cardiaco rápido, convulsiones, pérdida del conocimiento y alucinaciones.

Si tu pequeño tiene estos síntomas, ponlo en la sombra, báñalo con agua tibia, dale de tomar agua poco a poco y háblale al médico. No es recomendable que le des algún medicamento antifebril y tampoco le vayas a poner alcohol en su cuerpo si el doctor no lo indica.

De mamá a mamá te recomiendo que si tu hijo está jugando al aire libre le pongas gorra, es importante cubrir su cabeza. También debe usar ropa ligera, preferiblemente de algodón. Úntale bloqueador y no olvides hidratarlo con líquidos y con ricas paletas de hielo que, seguro, no va a despreciar. ¡Cuida al ser que más quieres!

Sangrado de nariz

Ver que uno de nuestros hijos sangra por la nariz nos puede descontrolar e incluso angustiar. Hay muchas causas por las que sucede y rara vez es por algo grave, así que no te espantes. Los resfriados y las alergias, por ejemplo, provocan irritación e inflamación dentro de la nariz haciendo que sangre. A veces los niños suelen rascarse o sonarse con fuerza y, por la tanto, se lastiman. Lo mejor en estos casos es ponerles gotas o humectantes dentro de la nariz para evitar la resequedad causada por el clima, es algo sencillo y no invasivo.

Ahora, en caso de que tu pequeño sangre lo que se recomienda es poner su cabeza un poco hacia adelante, no recostarlo ni introducirle algodones, sino apretarle la parte inferior blanda de la nariz por unos minutos para parar el sangrado. Si el sangrado es frecuente, te recomiendo consultes con el médico.

Piojos

¿Te has dado cuenta que en algunas escuelas periódicamente están revisando a los niños para evitar los piojos? Y lejos de lo que se piensa, el nivel social o la misma higiene no son factores para que aparezcan estos animalitos en la cabeza de nuestros hijos.

El piojo vive exclusivamente en el ser humano, se alimenta de la sangre y se reproduce con rapidez. El contagio es directo y, aunque los menores sean limpios, pueden llegar a utilizar un cepillo, peine, gorra o bufanda de alguien con piojos y así se contaminan.

Los niños entre los cuatro y seis años son los que tienen más incidencia. Por eso es necesario revisar a nuestro hijo, lavarle el cabello con frecuencia y decirle, sobre todo, que no comparta objetos como peines y cepillos con sus compañeros del colegio.

De mamá a mamá te recomiendo que peines a tu hijo con gel, ya que los piojos se agarran del cabello con sus seis patas y este producto les impide hacerlo. Pero, en el caso de que se contagie, es necesario que avises en la escuela y que le compres los productos necesarios como champú para eliminar piojos los venden en cualquier farmacia.

Los piojos no sólo son un problema de salud, también dañan la autoestima, ya que tenerlos, en ocasiones, es motivo de burlas por parte de los demás.

Lunares

Todas las mamás tenemos un sexto sentido y lo tenemos que ocupar al revisar a nuestros hijos aun siendo mayores. Como van creciendo es más difícil que podamos verles su cuerpo ya que se bañan y visten solos. Sin embargo, es necesario observar su piel y checar si tienen algún lunar o mancha que nos llame la atención.

El cáncer de piel se puede detectar a tiempo y, normalmente, tiene buen pronóstico. Los lunares que nos deben llamar la atención son los que tienen más de un color, forma irregular, con bordes, causen picor, sangrado, sean mayores a un centímetro y que vayan creciendo. Las zonas de más riesgo son las de roce como son los pies y las axilas. ¡Revisa a tu hijo! Y, si encuentras alguno con estas características en su cuerpo, háblalo con el médico.

Infecciones urinarias

Las infecciones urinarias se pueden presentar en la infancia y son más comunes, por su anatomía, en niñas. A los tres años es una edad en donde, normalmente, se empiezan a manifestar. Los varones que no tienen circuncisión también tienen un poco más de probabilidad de presentar estas infecciones que los que sí la tienen.

Los niños tienen ciertos síntomas cuando existe este problema como orina turbia con olor fuerte y desagradable, a veces sale con sangre. Asimismo tienen una necesidad frecuente de orinar, sin embargo sale poca cantidad. También sienten ardor, llegan a presentar vómitos, dolor en los costados y presentan fiebre.

Es importante llevarlos al médico y practicarles exámenes para evitar que la infección llegue a los riñones, así que ¡atenta a los síntomas!

Alergias

Actualmente no es novedad conocer a un niño que tenga alguna alergia ya sea ambiental o alimentaria. No recuerdo en mi niñez a alguien con un problema como este, creo que se sabía poco del tema porque comíamos de todo y nuestras mamás no se preocupaban por los ácaros o por el polen de las flores que respirábamos. En fin, los tiempos cambian y los padecimientos también. Se puede decir que algunos se ponen de "moda" y las alergias, pienso, es uno de ellos. Los síntomas son muy variados pero, para que los reconozcas en tu hijo, si llega a presentar alguno, te menciono los más frecuentes:

1. Irritación de la garganta, ojos y fosas nasales.
2. Problemas dermatológicos (piel enrojecida, reseca o ron cha que producen comezón o ardor).
3. Problemas respiratorios (dificultad para respirar, tos).
4. Congestión o flujo nasal.
5. Estornudos frecuentes.
6. Problemas digestivos (vómitos, diarrea, acidez estomacal, dolor abdominal).

Por fortuna, la medicina avanza y hoy existen prácticas pruebas cutáneas para detectar alergias, normalmente causan picor por un momento, pero el alergólogo lo soluciona con un antihistamínico. Así que si sospechas que tu pequeño tiene alguna alergia no dudes y llévalo con el especialista para que le dé tratamiento y tenga una mejor calidad de vida.

Asma infantil

La palabra asma se origina de la antigua palabra griega *ásthma* que significa "jadeo". Cuando una persona tiene asma sufre de una incapacidad para respirar adecuadamente. Según los especialistas, los niños con asma presentan un alto porcentaje de tener también alguna alergia y, como mamás, hay que tomarlo en cuenta.

Los síntomas principales del asma son: Tos, silbido, falta de aliento y cansancio al hacer algún esfuerzo, por ejemplo ejercicio. Por eso es recomendable que cualquier niño con tos frecuente o infecciones respiratorias repetitivas sea examinado por un neumólogo o alergólogo, para descartar esta enfermedad.

Aunque el asma se puede presentar a cualquier edad, es más frecuente en los primeros cinco años de vida y afecta más a los varones.

Los factores de riesgo son: Historia familiar de alergias, abandono precoz a la leche materna, exposición permanente a alérgenos como ácaros del polvo o epitelios de mascotas. También es común en hijos de madres fumadoras.

De mamá a mamá te recomiendo que escojas muñecos de felpa en lugar de los de peluche, guarda los libros, películas de video y discos compactos en clósets o vitrinas para evitar que se acumule el polvo. Pon persianas en las ventanas en lugar de cortinas y evita las alfombras, en caso de que las tengas aspirarlas con frecuencia para mantenerlas limpias y libres de polvo.

La buena noticia es que con el tratamiento adecuado y algunas recomendaciones como las que te acabo de compartir los niños asmáticos pueden llevar una vida normal.

Lo que debes saber

Cómo hablarles de sexo

Hablarles de sexo a nuestros hijos suele ser un tema que pone incómodos a muchos padres. La verdad es que, como mamás, nos preguntamos ¿hasta dónde le explico?... Nos da miedo decir cosas que puedan resultar no adecuadas a su edad, sin embargo sus dudas son naturales y tenemos que responderlas. Te pongo un ejemplo, los niños, por curiosidad, cuando ven una mujer embarazada es frecuente que nos pregunten cómo se metió un bebé a su estómago, cuestión que nos puede poner nerviosas. Lo peor que podemos hacer es evadir las preguntas porque nuestro hijo recibirá el mensaje de que no queremos hablar del tema.

Anamely Monroy, doctora en psicología y experta en temas de sexualidad me dijo en una entrevista de radio que cuando nuestro hijo nos pregunte cualquier tema relacionado con el sexo lo mejor es contestarle con otra pregunta como: ¿Qué quieres saber?, ¿por qué me lo preguntas? o ¿dónde lo escuchaste? Estas preguntas nos ayudan a ser más claras y específicas en la respuesta, ya que tampoco es necesario entrar en detalle con los pequeños. Debemos contestarles con respeto, afecto y en un ambiente propicio apoyado de valores y sentimientos positivos, ya que si nos incomodamos y damos respuestas falsas los confundiremos en lugar de ayudarlos.

Nosotros, los padres, tenemos la responsabilidad de guiar y educar a nuestros hijos en todos los aspectos y la sexualidad se debe enseñar de una forma integral y no como tema aislado. Además, debe ir progresando de acuerdo al desarrollo psicosexual de nuestros niños y debe ser tratada por igual, sin importar género, ya que tanto las mujeres como los hombres tenemos la misma necesidad de conocer y respetar nuestro cuerpo.

Ambos, papá y mamá, debemos ser congruentes en nuestras explicaciones y comentarios respecto a la sexualidad y las respuestas las puede dar quien se sienta más cómodo al hablar del tema.

No es necesario esperar a que nuestros hijos se nos acerquen para hablar de sexo, es mejor ir un paso adelante de ellos y platicarlo de una forma natural, como debe ser la sexualidad. Por esta razón, es conveniente que nos preparemos e informemos para poder hablar con ellos de una forma clara y sencilla y siempre dándole un enfoque de amor y respeto a las respuestas.

No olvidemos que los valores que les inculquemos a nuestros niños, desde que son pequeños, tendrán importancia e impacto en sus decisiones futuras. Enseñarles a manejar la sexualidad con respeto y responsabilidad hace la diferencia con los niños que no reciben la información o peor aún, con los que se mal informan.

Nuestros hijos son muy inteligentes y, hoy en día, hay mucha información que reciben desde pequeños en la escuela, con los amigos y el internet. Por eso debemos estar presentes y darles la confianza para que se acerquen a nosotros, a hablar del tema.

¡Cuidado con extraños!

Estoy segura que lo peor que le puede pasar a una madre es que le suceda algo malo a su pequeño. Los padres educamos a nuestros hijos para que se integren a la sociedad con cortesía, sonriendo, saludando y siendo amables. Con esto no quiero decir que sea malo hacerlo. Sin embargo, pienso que también es necesario enseñarlos a no confiar en todos, especialmente en los desconocidos que pueden atraerlos con dulces, juguetes o mascotas. (Los niños suelen ser curiosos y atrevidos por su poca experiencia e inocencia natural).

Es importante creerles y hacer caso de lo que nos dicen que sienten respecto a alguien que, probablemente, nosotras consideremos de confianza, aun siendo de la familia. Recuerda que algunas personas que buscan hacer un daño se cubren con piel de oveja para ganar la simpatía de sus víctimas. Es necesario que les demos a nuestros hijos "instrucciones precisas" para no alejarse de nosotras en algún supermercado, no subirse al coche de un extraño, ni dejarse acariciar por personas ajenas a nosotras.

Pienso que la mejor arma que tenemos las mamás para protegerlos es la comunicación, así que hablemos con ellos sobre estos temas con un lenguaje que comprendan, según la edad que tengan. ¡No los pongamos en riesgo!

Síndrome del niño emperador

El síndrome del niño emperador es un trastorno que se presenta actualmente en muchos pequeños debido a una carencia educativa y es causada porque algunos padres temen poner reglas a sus hijos. Por favor, que esto ¡no te suceda!

No importa que nuestros hijos nos digan que somos las mamás más malas del mundo y que la mamá del vecino o de su amigo es más linda y mejor que nosotras, ¡claro que las ven así porque ellas no son las encargadas de ponerles reglas a nuestros hijos!, se las ponen a los suyos. Es preferible ser una "mamá mala" que los educa y pone límites aunque "sufran", a una mamá que les tenga miedo.

Los padres que acceden a todos los caprichos de sus hijos forman niños tiranos, con carácter violento, que gritan, insultan e, incluso, algunos llegan a golpearlos para controlar la situación e imponer sus reglas, ¡qué tristeza!

Ahora bien, te pregunto, si hasta el mar tiene límites ¿por qué nuestros hijos no los van a tener? El síndrome del niño emperador cada día se presenta más en las familias y conforme los pequeños van creciendo este problema se va agravando.

No olvides que los hijos necesitan reglas para crecer emocionalmente sanos. Recuerda que la autoridad somos nosotros, los padres. No dejemos que hagan su voluntad porque lejos de ser mejores padres estamos dañándolos, y cerrándoles oportunidades de convivencia con los demás. Este consejo te lo doy por el bien de ellos y también por el tuyo. Fórmale un buen corazón a tu hijo donde la tolerancia, el respeto y el amor tengan un lugar especial.

Tiempo fuera

Se le llama tiempo fuera a una estrategia psicológica muy utilizada en niños para que cambien alguna conducta inadecuada. Por ejemplo, si tu hijo le arrebata un juguete a otro niño, es necesario quitarle el juguete y dejarlo solo unos minutos, sin prestarle atención, para que reflexione su conducta, si es posible en silencio.

Tania Mendoza, especialista en desarrollo humano me explicó que lo que esta estrategia indica es un minuto por cada año que tenga el niño. Por ejemplo, si tu hijo tiene siete años, son siete minutos de tiempo fuera. Este método no se recomienda en menores de cinco años, ya que ellos todavía no tienen conciencia de lo que es el tiempo y la reflexión. Lo mismo nos pasa a los adultos, dejar pasar unos minutos después de un enojo nos ayuda a calmarnos y a pensar con más claridad.

Límites

¡Ufff! Hablar de límites en los hijos hoy es un gran tema porque, aunque parezca una exageración, muchos padres, en la actualidad no saben que son o no quieren ponerlos. Nada más recuerda el "Síndrome del niño emperador". Creo que ya se nos olvidó cómo nos educaron a nosotras, o ¿acaso no te acuerdas que cuando nuestros padres decían algo obedecíamos sin replicar? Con la sola mirada sabíamos lo que sí podíamos hacer y lo que no. Respetábamos las reglas, hecho que hoy raramente sucede y como chiste decimos que nuestros hijos nacen con otro "chip". Con esto no te quiero decir que debemos caer en ser padres autoritarios que, antiguamente, provocaban miedo y angustia porque, estoy segura, no es lo correcto. Pero tampoco podemos irnos al extremo en donde la disciplina pasa a segundo nivel porque entonces tendríamos que preguntarnos: ¿Qué tipo de niños estamos formando, en realidad queremos hijos que no respeten la autoridad? Piénsalo.

Si la respuesta es no, supongo que el primer cuestionamiento es: ¿a qué edad se ponen los límites? Mi respuesta es a partir que los niños logran entender un no o un sí "palabras mágicas".

Es importante que nuestros hijos, por su propia seguridad,

sepan que hay cosas que no pueden hacer. Te pongo un ejemplo, si tu hijo al gatear se acerca a las escaleras, muy probablemente lo primero que gritas es ¡no! En ese momento ya estás poniendo un límite de lo que no puede hacer.

Los pequeños, aunque son chiquitos, nos entienden y con facilidad absorben todo lo que les estamos enseñando porque maravillosamente sus células cerebrales están creando fuertes conexiones que van directo al aprendizaje y al razonamiento. Así que de nuevo te digo: No desaproveches sus primeros siete años de vida para enseñarle a tu hijo a vivir con seguridad.

También hay otros límites que van más ligados a su comportamiento y demanda y que, igualmente, debemos poner a tiempo como autoridad que somos. Un ejemplo es cuando tu hijo te hace un tremendo berrinche en el supermercado porque no le compraste un dulce o juguete. Es ahí cuando nos enfrentamos a niños y, más adelante a adolescentes, poco tolerantes, sin frustraciones y con la creencia que con sólo estirar la mano van a obtener lo que quieren porque se lo merecen por el simple hecho de existir.

Siempre que pongas un límite hazlo de una manera que no afecte el respeto y la autoestima de tu hijo para que no se sienta humillado, ridiculizado o ignorado.

Otro hecho importante es que papá y mamá estén de acuerdo a la hora de marcar una regla o una consecuencia, es más sano para ellos y para nosotros como pareja trabajar en equipo. No se vale darles mensajes equivocados ni echarnos la bolita entre nosotros, y lo hacemos cuando le contestamos a nuestro hijo: "Pregúntale a tu papá" o "lo que diga tu mamá" porque, si lo hacemos, estamos quitándonos la responsabilidad de quién dio el permiso. Tampoco es necesario ni correcto gritarles o insultarlos, la autoridad se demuestra con argumentos firmes y lógicos. Los hijos necesitan padres que controlen sus emociones, y esa es una gran tarea que muchas veces olvidamos.

Te pongo un sencillo ejemplo para que reflexiones. Antes, la mamá decidía qué se cocinaba para la familia, hoy se pregunta a cada hijo qué se le prepara, los padres hemos dejado que nuestros hijos decidan por nosotros.

Como mamá sé que siempre debe existir un equilibrio, desgraciadamente y, a forma muy personal, pienso que en los últimos años se ha llegado a un solo extremo, el permisivo. Los padres hemos demostrado dificultad para decir "no" ante las demandas de nuestros hijos. Hemos pensado que si les negamos las cosas nos van a dejar de querer, ¡grave error! Los niños son muy inteligentes y pueden llegar a manipularnos recurriendo al chantaje, y esto sucede cuando nos dicen que somos malos, que ya no nos quieren o que no los amamos lo suficiente porque no les compramos o les damos lo que quieren. Esto nos puede provocar cierto dolor y remordimiento si no tenemos claro que las decisiones en casa, buenas o malas, las tomamos los padres, no los hijos y no por autoritarios sino porque, además que no es justo que les demos esa gran responsabilidad a ellos, les falta algo muy importante que se llama experiencia.

Para que un barco navegue a salvo se necesita de un capitán que lo lleve a puerto por una buena ruta, sin desviarse a pesar de los inconvenientes que encuentre en el camino y los padres, ambos, fungimos como los capitanes. Así que no te angusties.

Te repito, es preferible ser la mamá más mala del mundo que pone límites en casa, a ser la mamá "buena onda" que les permite todo a sus hijos por miedo. Creo, firmemente, que es mejor que nuestros hijos siendo pequeños lloren por sentir alguna frustración necesaria para su crecimiento emocional, a que nosotras lloremos toda la vida por las malas decisiones que pudieran tomar por no adquirir un buen control emocional y de autoestima.

Otra causa moderna por la que no ponen límites es la ¡culpa!, ésta es otro obstáculo para marcar reglas y límites en casa. Ponte a pensar, hoy en día, las mujeres nos tenemos que enfrentar a dos mundos totalmente diferentes: Por una parte está la necesidad económica y de desarrollo profesional en donde salimos a trabajar, ya que se nos preparó con un nivel académico mejor que el de nuestras madres y abuelas. Y, por otra, el que recibieron ellas en donde se les preparó para ser amas de casa y estar al cuidado solamente de las necesidades familiares.

Las mujeres, ante esta situación, llegamos a tener sentimientos encontrados que le transmitimos a nuestros hijos y ellos, conscientemente, pueden llegar a aprovechar la situación ya que saben que nosotras, las mamás, les daremos todo lo que piden para llenar ese hueco emocional provocado por "la culpa".

Si es tu caso, libérate de esa "culpa" y decídete a manejar esta situación de trabajo como un ejemplo de vida para tus hijos y de esfuerzo para conseguir lo que deseas, nunca como un sacrificio. La actitud que demuestres ante esta situación hará la diferencia en el comportamiento de tu hijo. Enséñale que, aunque mamá y papá no estén en casa, tiene que respetar la autoridad y los límites que les ponga el adulto a cargo como es la maestra, la abuelita o la niñera.

Otra situación importante de mencionar y que también es de actualidad, es el manejo de límites en los hijos de padres divorciados. Mónica Morales, psicóloga y especialista en el tema de la pareja me comentó que con frecuencia los padres utilizan a los niños para su propio provecho sin tomar en cuenta el daño y confusión que les causan con la falta de congruencia en la autoridad. La equivocada rivalidad de los padres y, de nuevo el temor de perder el cariño de los hijos, provocan la ausencia de límites. En principio puede parecer que ellos agradecen este comportamiento de competencia en donde gana el que da más permisos, regalos y diversiones. La realidad es que no es así, ya que ellos terminan padeciendo y, posiblemente, recriminando la falta de autoridad en los adultos. No olvides que enseñar a los hijos a asumir las consecuencias de sus actos es una forma de aprendizaje que ellos manejarán a lo largo de su vida, así que aunque tengas que hacerlo sé firme, no te doblegues y cumple con lo que digas, hecho difícil cuando estamos alteradas. Por eso te comparto mi regla de oro: "No prometas cuando estés contenta y no castigues cuando estés enojada". Es mejor contar hasta diez, calmarnos y pensar cómo debemos reaccionar, porque si no terminamos castigándoles todo lo que nos viene a la mente por un mes, y difícilmente cumplimos.

Mi mensaje es que está comprobado que los niños que crecen con frustraciones provocadas por los límites y reglas que ponemos los adultos en casa y escuela, demuestran más seguridad en su vida diaria y logran tener una alta autoestima y control de sus emociones, elementos que les servirán en su vida adulta para poder lidiar con el rompimiento de la novia(o), con el examen reprobado o con el empleo no adquirido, por ponerte algunos ejemplos.

Y, por último, **De mamá a mamá** te recomiendo que no confundas la relación con tu hijo intentando manejar este gran lazo como amistad. La experiencia de muchos afirma que es un grave error, los hijos no pueden ni podrán ser nunca nuestros amigos.

Los amigos son cómplices, no ponen límites ni reglas como lo hacemos nosotros y también pueden ir y venir en nuestras vidas sin que pase nada. Los padres nos quedamos, aconsejamos, apoyamos, amamos profundamente e incondicionalmente y también tenemos la capacidad de perdonar y de pedir perdón por los errores que cometemos en nuestro maravilloso rol de padres, así que no cambies tu papel de mamá por el de amiga, el tuyo es y será siempre mucho más importante en la vida de tu hijo.

Descubre con tu pareja qué tipo de padres son

Padres indiferentes

Los padres indiferentes son aquellos que no ponen límites a sus hijos, casi no les prestan atención ni les dan apoyo emocional. Son papás y/o mamás ausentes en todos los sentidos y, por lo mismo, crean grandes conflictos a sus hijos haciéndolos exigentes y desobedientes. Un ejemplo de padre indiferente es el típico que nadie conoce porque falta, por voluntad propia, a las juntas escolares y a los eventos y convivencias importantes de sus hijos como partidos de futbol o fiestas de cumpleaños, dejando un vacío y sentimiento de abandono en sus pequeños.

Los niños que tienen padres indiferentes sufren al convivir con los demás. No saben desenvolverse socialmente porque no siguen reglas y ¿cómo van a seguirlas si nadie se las ha enseñado? Tampoco tienen la paciencia para esperar su turno a la hora de participar o jugar. No muestran consideración a las necesidades y deseos de otros, son intolerantes y tienen gran deseo de llamar la atención para que sus padres noten que existen. Lo malo es que, en su mayoría, lo hacen con berrinches y conductas inadecuadas.

Padres autoritarios

Los padres autoritarios tienen valores bajos en cuanto afecto pero muy altos en cuanto a control. Son papás o mamás que causan miedo a sus hijos, ya que educan a través de amenazas y, frecuentemente, ponen castigos. Un ejemplo es aquel papá o mamá que le pide a su hijo, en forma imperativa, que haga algo como recoger sus juguetes o comer una verdura. Si el niño cuestiona la orden él o ella sólo termina la conversación con la frase: "Porque lo digo yo". Son padres que no se abren al diálogo, se cierran a la comunicación y no aceptan sus errores por miedo a verse débiles.

Los pequeños con padres autoritarios tienen muchos cambios de humor, tienden a la agresividad y a tener problemas de conducta tanto en casa como en el colegio.

Si te identificas con este tipo de paternidad, reflexiona y piensa que la autoridad y el respeto no se ganan provocando miedo a los demás. Es mejor utilizar argumentos duros y palabras blandas a la hora de poner límites y comunicarnos con nuestros hijos.

Padres sobreprotectores

Los padres sobreprotectores son aquellos que, a toda costa, les evitan penas, sufrimientos y preocupaciones a sus hijos. Se esmeran para que nada les falte y les quitan la posibilidad de esforzarse y enfrentarse a las dificultades y problemas que la vida les trae. Te pongo un ejemplo, si el pez de su hijo se muere, corren a la tienda de mascotas a comprar otro igual para evitar que el pequeño se dé cuenta y sufra.

Son padres que, con el pretexto de amar demasiado a sus retoños, los asfixian emocionalmente, no los dejan decidir ni equivocarse, así como caerse y levantarse. Con este tipo de paternidad formamos hijos dependientes, inseguros, miedosos y con baja autoestima.

Deja que tu hijo se equivoque y aprenda de sus errores. No le cortes las alas, tiene que aprender a volar solo porque los padres no somos eternos.

Padres permisivos

Los padres permisivos son aquellos que tienen valores altos en cuanto al afecto pero bajos en cuanto al control.

Entre sus características es que son muy cariñosos, sensibles y emocionales, pero tienen un gran problema: Ponen pocos límites a las conductas de sus hijos. Por esta razón, los pequeños suelen ser malcriados y carentes de una figura de autoridad, hecho que no los beneficia.

Un ejemplo de un papá y/o mamá permisivo es el típico que deja a su hijo pequeño ir en el coche sin cinturón de seguridad para que no llore o se enoje, sin evaluar, de forma madura y sensata, el riesgo en que lo pone.

Los padres permisivos llegan a tener miedo de perder el cariño y el amor de sus hijos, por eso les permiten hacer todo lo que quieren. Suelen comportarse más como amigos que como padres y, por lo tanto, son manipulables ante los deseos de sus pequeños.

Padres democráticos

Los padres democráticos tienen valores altos en cuanto al afecto y al control. Este tipo de paternidad es la que tiene más efectos positivos en el desarrollo social y emocional de los niños. Son sensibles, amorosos y ponen límites claros en tiempo y forma. Saben mantener el control de sus emociones sin importar su estado de ánimo, por lo tanto, cuidan sus palabras para no lastimar. También saben reconfortar, escuchar y comprender.

Los hijos de los padres democráticos son los que confían más en sí mismos, funcionan mejor en la escuela, saben convivir, escuchar, son prudentes, tolerantes, manejan la frustración y el enojo con madurez. Se pueden poner en los zapatos de otros para entender razones y muestran gran sensibilidad.

Mamá, sitúate con objetividad en la maternidad que estás ejerciendo, probablemente no es la democrática. Reflexiona y piensa en los cambios que puedes hacer para guiar y educar mejor a tu hijo. Con amor y paciencia todo se puede y lo mejor es que ¡estás a tiempo!

El ser madre es un amor incondicional que va más allá de la muerte.
Maxime Woodside, conductora.

Epílogo

Para finalizar quiero agradecerte que me dejes acompañarte en tu rol de mamá, entiendo que no es fácil guiar y educar a un hijo. Todas aprendemos recorriendo el mismo camino, cometiendo errores y también aciertos. Pero ¿sabes?, como te comenté, es más fácil si confiamos en el instinto que nos obsequia la maternidad.

Te regalo mi experiencia en este libro y espero, de corazón, que lo utilices como una gran guía en donde te puedas apoyar siempre que lo necesites. No dejes de intentarlo, trata todos los días de ser la ¡**mejor mamá del mundo!**

Mucha suerte en esta difícil tarea de ser madre, sin embargo estoy segura que también es la más hermosa que, como mujer, podemos tener.

¡Felicidades mamá!

CONTACTO

 @ginaibarra_mama

 De Mamá A Mamá